私たちは背中に「表」がある

田尻成美

日本人の感性の輝き

ビジネス社

はじめに

自国の文化の美点を語る時、誇らしさと同時に一抹《いちまつ》の気恥ずかしさを感じることがあります。そんな時、フランスの人類学者レヴィ＝ストロース氏の次の言葉ほど勇気づけられるものはありません。

「たとえ言語や他の外面的な手立てを身につけたとしても、ある文化のなかに生まれ、そこで成長し、躾けられ、学んだ者でなければ、文化の最も内奥の精髄が位置する部分には、到達不可能なままにとどまるでしょう」

クロード・レヴィ＝ストロース『月の裏側』（中央公論新社刊）

その文化の中で生まれ育った者だけがその精髄《せいずい》に到達できるという20世紀の偉大な学者の言葉に従えば、日本のありふれた日常の一コマから、背後に折りたたまれている重層的な文化の厚みに認識の光を当てることができるのは日本人だけ、となるのでしょう。

けれども、自分がどっぷりと漬《つ》かっている文化の精髄などは、近すぎて見えないものです。自分もその一部である現象を対象化することは至難の業《わざ》なのです。本書は、私たちが自分の国をより深く知るために、あえてその難問に取り組んでみました。とはいえ、エッセイですので、軽やかにいきますので、気楽に読み進めていただければ嬉しく思います。

ところで、なぜ今、日本人が日本のことを改めて深く知る必要があるのでしょうか？ それは、日本という国があらゆる面で危機に瀕《ひん》しているからです。国土は買われ、国富は奪われ、歴史は貶《おとし》められ、人々は自信を失っています。こんな時にこそ、自分たちが生まれ育った国の原点に立ち返り、自国の良さを虚心坦懐《きょしんたんかい》に見つめ、本物の自信を持つ必要があるのではないでしょうか？

「日本は和の国」と言われます。ただし、その「和」はただ仲良くすることではありません。一歩踏み込んで考察してみると、「和」とは「切磋琢磨《せっさたくま》しながらある一つのことを成し遂げていく」というダイナミックな活動であり、日本的集団の「成功法則」でもあることが分かります。

一例を挙げましょう。日本製の自動車が世界でトップクラスの高性能を誇り、高い売上を達成しているのは、自動車産業だけの努力ではありません。その陰には、企業の枠《わく》を超え、自らが開発したノウハウを惜《お》しげもなく公開し、お互いが良い製品を作ることに協力し合った鉄鋼メーカー各社の技術者たちの存在があります。そうして生産された高品質の粗鋼《そこう》があったからこそ、それを使って優秀な日本車の製造が可能になったのでした。

ここにこそ、「和」の真髄が窺《うかが》えるのではないでしょうか。鉄鋼メーカー各社がそれぞれノウハウを企業秘密として囲い込んでいたら、日本の自動車産業の今日はなかったかもしれません。

また、自動車産業が隆盛になることは製鉄業も潤《うるお》うことですので、本当のウィン・ウィンの関係が形成され、ひいては日本の産業全体を牽引《けんいん》していくことになります。まさに「和」を以て行動することが日本の成功法則であることが分かります。

ひとたびこの法則を踏み外すと、大変なことになります。

先の大戦における陸軍と海軍の関係がまさにそれです。同じ日本軍でありながら、陸軍と海軍は共同で兵器の開発をしたことがないのです。どちらかがある兵器を開発して成果が出ても、他方には秘密にされました。

また、陸軍は開戦前に米国務省の高度な暗号解読に成功したのに、海軍にはそのことは知らされなかったのです。そうとは知らない海軍は数学者を含む二十名ほどのチームを起《た》ち上げ、懸命に解読作業を行いましたが、成功しませんでした。海軍は戦争が終わるまで陸軍が暗号解読に成功していたことを知らなかったのです！

もし陸軍が暗号解読の情報を海軍と共有していたら、戦況は大きく変わっていたことでしょう。ことほどさように、日本では「和」のないところに「成功」はなく、勝利の女神は微笑《ほほえ》んでくれないのです。

このように「和」という言葉一つとっても、奥深く、かつダイナミックな拡がりがあることが分かります。本書ではこうした何気ない事象の背後に折りたたまれた文化の内奥《ないおう》を垣間見《かいまみ》ていくので、日本という国や文化に対して今までとは違った見方ができるようになるのではないでしょうか。さあ、ディスカバー・ジャパン、アゲイン！

令和六年六月

田尻成美

第三章　自然の発見

第四章　文化の発見

第五章　日常の発見

このエッセイは、メールマガジン「ヨコハマＮＯＷ」に２０１７年１月から２０２２年３月まで掲載された連続エッセイ「しあわせの『コツ』」の抜粋に、加筆修正を加えました。

第一章

日本人の発見

「駅伝」人気は、どこから？

お正月はテレビで「箱根駅伝」（正式名称「東京箱根間往復大学駅伝競走」）を見るのが好きという人、コースにあたる沿道で選手に声援を送るのが楽しみという人など、「駅伝」に熱狂する人は少なくありません。

終われば終わったで、各区で繰り広げられた感動的な場面がメディアで拡散され、巷《ちまた》の話題にもなります。初詣や年始廻りのように、首都圏では「箱根駅伝」はもはや年中行事の一つと言っても、過言ではありません。

最近では、全国女子駅伝、出雲全日本大学駅伝、高校生駅伝など、各地でさまざまな駅伝が開催され、駅伝人気は衰えるどころか、ますます盛り上がっているようです。

ところで、日本人はなぜこうも「駅伝」に熱狂するのでしょう？

「駅伝」に興味を抱き、実際に「駅伝」に参加して綿密に取材したイギリス人ジャーナリスト、アダーナン・フィン氏は「駅伝こそ日本人のDNAに合ったスポーツである」と言っています。

フィン氏は、「駅伝」は日本の「和」を尊ぶ思想にぴったりのスポーツだと言います。確かに参加者全員が「たすきをつなぐ」というただ一つの目的のために、時としてけがや体調不良を抱えながらも走る姿は、私たちの胸を打たないではいられません。

『駅伝マン　日本を走ったイギリス人』アダーナン・フィン著　早川書房刊

2019年の「箱根駅伝」で念願の初優勝を達成した東海大学の選手のインタビュー記事が当時の新聞に載《の》っていました。そこにも「たすきをつなぐ」という共通の目的で結ばれた仲間同士の絆《きずな》を感じます。

4区　A選手「次の5区が後輩だったので、1秒でも詰めてつなぎたいと思っていた」
5区　B選手「チームに貢献できてよかった」
6区　C選手「往路でいい流れを作ってくれて、いけるなと思った」
8区　D選手「9、10区で楽に走ってもらいたいという気持ちがあったので、自分で決

めようと前に出た」（最優秀選手）

9区　E選手「Dが区間新の走りで、けっこう差をもらったので、気持ちよく楽しく走れた」

どの選手も「前を走って貯金を作ってくれた人の走りを無駄にしないように」「次に続く人が少しでも楽なように」と、他の人のために一生懸命走っているのです。そこに数々の名場面が生まれ、「区間賞」のようなご褒美も転がり込んでくる、というわけです。

アダーナン・フィン氏曰《いわ》く「和を以て駅伝となす」――まさに言い得て妙ですね。

「駅伝」は1917年（大正6年）、「東京奠都《てんと》記念東海道駅伝徒歩競走」として始まり、全23区516㎞のコースで行われました。「駅伝」という名称は伊勢神宮と関係のある皇《こう》學館《がくかん》館長の武田《たけだ》千代三郎《ちよさぶろう》氏が、『日本書紀』にも出てくる古式ゆかしい言葉から命名しました。

伊勢神宮？「日本書紀」？　なんだか「駅伝」が急に古めかしく感じられますね。

それもそのはず、「駅伝」は単なるスポーツではなく、実は「神事」として考えられていたのです。

その動かぬ証拠（笑）を挙げてみましょう。

1940年（昭和15年）、宮崎神宮（宮崎県）から橿原《かしはら》神宮（奈良県）までの約1000㎞を10日間で疾走する大駅伝大会が催行されました。

なぜこんな凄《すさ》まじい長距離駅伝になったかというと、その年がちょうど紀元二千六百年だったからです。神武東征の出発地点である宮崎神宮から、神武天皇が即位した橿原神宮までを走ることで、奉祝しようということでした（ちなみにこの記念すべき「駅伝」で優勝したのは、朝鮮・台湾軍でした）。

また、1942年（昭和17年）、ミッドウェー海戦で日本が大敗を喫《きっ》する2カ月ほど前、「鉄脚を通じて銃後の士気を鼓舞せんとする」（1942年3月20日の読売新聞の見出し）ため、伊勢神宮から皇居の二重橋までの約600㎞を3日間で走る駅伝が開催されました。全国から52名の選手が選ばれて行われたその駅伝の名前はズバリ、「米英撃滅《げきめつ》祈願東西対抗縦走大会」。

これはもはやスポーツというより、建国を祝ったり、敵の撃滅を祈願する「儀式」と言うべきでしょう。「駅伝」が単なるマラソンリレーではなく、私たち日本人の信仰や精神に根差した神行事であることが分かります。

「駅伝」が神行事だったことを知らなくても、アダーナン・フィン氏が指摘する通り、日本人は「駅伝」に、単なるスポーツ以上の何かを感じているのは事実です。

すべての参加者が「自分の役割」をきちんと果たす。全員が一丸となってチームのために戦う。選手個人の記録より「たすきをつなぐ」ことを重視する、等々。

ちなみに、「たすき」は手渡ししないと失格になります。ゴール目前で力尽き、倒れたとしても、次の選手に「たすき」を投げ渡してはいけないのです。こういう点も含め、「駅伝」には日本人の涙腺《るいせん》を緩《ゆる》ませる要素がいっぱいです。

「駅伝」以外にも現在スポーツとみなされている競技で、神事に由来しているものは幾つかあります。相撲や綱引きは神意をうかがうための儀式であり、勝ったほうの考えや立場がより神意に叶《かな》ったと考えられています。

綱引きで言うと、右側が勝てば豊作、左側が勝てば不作、というように、勝敗は参加者の力の優劣ではなく、神意の表れなのです。ですから、勝った後にガッツポーズをしたり、敗者を侮辱したりすることを日本人は嫌います。勝ち負けは神意なのですから、勝敗の結果を淡々と受け入れるべきなのです。「得意淡然　失意泰然」でなければいけません。

今では武術もスポーツ扱いですが、日本では武術は単なる戦い方の技術ではありませんでした。それは神道と結びつき、武道となって心身涵養《かんよう》の哲学的実践に昇華しているのです。

たとえば剣道を見てみましょう。

人は何のために相手を斬るのでしょう？　殺すため？　いいえ。「相手と斬り結ぶ」ためです。「斬り結ぶ」とは、「相手と真正面から丁々発止《ちょうちょうはっし》と、堂々と、激しく刀を打ち合わせて斬り合う」ことです。

いわば刀を使って相手とコミュニケーションしている、つまり「結び合っている」と考えるのです。その結果、勝っても負けてもお互いが「武道」を通して結び合い、絆《きずな》が生まれるというのです。真剣勝負であるがゆえに、試合が終わった後は、「敵ながらあっぱれ」

と称《たた》え合い、敬意を表します。

「勝敗は兵家《へいか》の常」とか「勝負は時の運」という言葉には、たまたま今の戦いで負けたとしても、その人の武勇が劣っているわけではない、という相手への敬意が込められているように思います。

面白いことに、「斬り結ぶ」の「結《むす》ぶ」は、同時に「産《む》す」、あるいは「武《む》」を意味しています。今から900年前に書かれた日本最古の兵法書『闘戦経《とうせんきょう》』にも、「武《む》」は「産《む》」であると書かれています。

「産《む》す」とは新しい生命や新しい秩序が生まれることです。そして新しい生命や秩序は「武によって」生まれるというのです。

伊弉諾《いざなぎ》と伊弉冉《いざなみ》が、「天《あま》の沼矛《ぬぼこ》」という「武器」を使って混沌とした海から国造りをしたように、「武」は乱れた世の中に秩序をもたらす（＝産み出す）清く正しい道である、と大江匡房《おおえまさふさ》の『闘戦経』では説かれています。

『闘戦経』家村和幸著　並木書房刊（大江匡房の『闘戦経』を解説した著作）

「我が武なるものは天地の初めに在り、しかして一気に天地を両《わか》つ。雛《ひな》の卵を割るがごとし。故に我が道は万物の根元、百家の権與《けんよ》なり」

大江匡房著『闘戦経』

これは『闘戦経』の冒頭部分です。大意をわかりやすく言えば、「私たち日本人の『武』は天地の初めから存在し、その『武』の力によって一気に天と地が分けられた。それはあたかも雛鳥《ひなどり》が卵の殻《から》を割るかのように自然なことであった。ゆえに、私たち日本人の『武』の道は万物の根元であり、さまざまな考えの大本である」となります。

このように、日本では「武」は、混沌としている世界から新しい秩序を産み出すものとして肯定的に、どころか、きわめて神聖なものと考えられていたのです。

そう考えると、「武術」が神事に取り入れられ、やがて「武道」となっていったのは自然な流れだったと言えましょう。今日、スポーツとみなされている競技に、私たちは無意識のうちにそうした「神事としての武」を見ているのではないでしょうか。

余談ですが、この文脈で「武」をとらえると、織田信長の唱えた「天下布武」は、乱れた天下を正し、新しい秩序を生み出すための神聖な行いを意味しています。けっして兵器や軍隊を動かして相手を打ち負かす「力による天下制圧」ではない、という解釈も成り立つのではないでしょうか。このあたりのことは、史実の再解釈も含め、歴史学者の研究を俟《ま》ちたいところです。

話を「駅伝」に戻しますと、「駅伝」は個と全体が絶妙なバランスで組み合わさった稀《け》有《う》な競技だと言えましょう。「たすきをつなぐ」という言葉に凝縮されるように、選手同士が心を結び合わせ、山あり谷ありのコースを分担して走る点はまさしく団体競技です。それでも受け持った区間を走る時は個人競技となります。

しかし、一人で走っていても駅伝の走者はマラソンランナーのように孤独ではありません。前の走者の走りを無駄にするまい、次の走者のために少しでもタイムを稼いでおこうと、頭の中にはいつも仲間がいるのです。

個人の背後に集団全体が透《す》けて見え、全体の成功の陰では個人技が光り、美談が生まれたりもするのです。しかもルーツが「神事」とくれば、「駅伝」が日本人の琴線《きんせん》に触れないわけがありません。

そう考えると、お茶の間のこたつの中でぬくぬくとテレビの駅伝中継を観ている人も、実は新年の「神事」に参加していると言えるかもしれません。

思えば、古代オリンピックもゼウスに捧げる神聖な祭典でした。神を讃《たた》えるのであれ、神意をうかがうのであれ、現代でスポーツとみなされている競技がもともと神事であったという事実は、現代のスポーツでは見失われがちな視点ではないでしょうか。

スピリチュアル大国　日本

お正月の食べ物と言えば「おせち料理」。最近は家で作るより、デパートや老舗《しにせ》の料亭による豪華版を注文する方が多いようです。時代は変わってもおせち料理が求められるのは、具材に込められた意味を日本人がどこかで大切にしているからではないでしょうか。


黒豆…まめまめしく健康で働けるようにとの、願いを込めて。

昆布巻…「よろこぶ」の語呂《ごろ》合わせ。

栗きんとん…武士が勝負運を願って勝ち栗を用いていたことと、色が金色で宝物のようなので、豊かな年になるようにとの、願いを込めて。

数の子…ニシン（二親）から大勢の子供が生まれるという言葉をかけて、子孫繁栄を願う。

田作り…五穀豊穣《ごこくほうじょう》の意味合いを込めて。

鯛…「めでたい」の語呂合わせ。

と、一の重から三の重まで、ぎっしり詰まった品目にはそれぞれ意味が込められています（全部挙げるときりがないのでこのへんにしておきますが）。けれども、おせち料理の食材に幸福を招いたり、財宝を呼び込む力が実際に備わっているわけではありません。語呂合わせで、そうした福々《ふくぶく》しいイメージを喚起しているのです。

面白いことに、言葉の意味は最初の意味より二番目の意味や解釈のほうが、潜在意識に落とし込まれやすい傾向があります。その理由はまだ解明されていませんが、第一義的な意味は顕在意識に留まるのに対し、同音異義の別の単語が二番目の意味として、

三の重まで並んだおせち料理のごちそう

潜在意識に刻み込まれるのです。

どういうことかというと、たとえば、鯛は「おめでたい」という語呂合わせによって、魚としての鯛という意味より「おめでたい」という意味のほうが強く潜在意識に刻まれます。

また、悪い連想を喚起する言葉の場合、あえて正反対の言葉に置き換えてしまうという荒業《あらわざ》もやっています。

たとえば、「するめ」は江戸時代中期頃から、するめの「する」という部分が財布やお金を盗む意味の「金を掏《す》る」や、賭け事などで「金を擦《す》る（使い果たす）」という語感に通じているため、「する」の部分を正反対の「あたり」に言い換えて、「あたりめ」という言葉が使われるようになりました。すり鉢を「あたり鉢」、髭を剃《そ》ることを「髭をあたる」というのも、同じ理由です。

このように、日本人は「禍《わざわい》を遠ざけ、幸運を呼び込む」ことを意図的に生活習慣に落

鯛→おめでたい→おめで鯛と、駄じゃれになっている

とし込んでいました。

こうした語呂合わせや駄じゃれは、実は単なる言葉遊びではなく、大変深い意味を持っています。

人間は、同じ音や同じ意味を持つ言葉同士を無意識のうちに関連づける癖《くせ》があり、日本人はその連想を良い方向にもっていこうとする傾向があるのです。また、「するめ」を「あたりめ」と言い換えるように何か不吉なことがあると、そこから発する連想を断ち切り、縁起の良い連想へと切り替えるために「鶴亀《つるかめ》、鶴亀」とあえておめでたい言葉をとなえたりします。

縁起担ぎから生まれた「あたりめ」

ツキが巡ってくるようにする仕掛けは言葉だけではありません。「お辞儀」もその一つです。頸椎《けいつい》・胸椎《きょうつい》・仙骨《せんこつ》が一本の線となる正しい「お辞儀」は、自分のエネルギーをまっすぐに相手に伝える仕草なのです。相手からの悪いエネルギーをブロックし、自分の良いエネルギーを相手に送ることで、融和的な場が生まれるように仕組まれているのです。

手土産の菓子折りもそうです。

何気なく手渡している菓子折りには、実は怨念を受けない呪術的な意味が込められています。

甘味が貴重だった昔は、「菓子」は大変喜ばれ、相手を恨まなくさせる懐柔《かいじゅう》の意味がありました。「折り」は、本当に折った「折り符」を貼り付けました。

「お札」の元になった「折り符」は、もともと神や精霊が宿る呪術的な意味を持っています。折り方によって相手の悪いエネルギーを受けないように、防御の役割があったのです。

菓子折りに使われる水引《みずひき》にも意味があります。用途によって結び方が違いますが、「結び」は「産霊《むすひ》」に通じ、霊的な力が宿ると考えられていたのです。

今でもお詫びに行くときに菓子折りを持っていくのは、こうした考えが基底にあるからなのでしょう。

印刷された水引にも、確かな意味が

このように日本人は、日々の生活の中で絶えずエネルギーのやり取りをしていました。

西洋で「潜在意識」や「集団的無意識」が理論化されるはるか昔から、潜在意識を操《あやつ》っていたのです。

現代ではさまざまな願望実現メソッドがあります。面白いことにどれも日本人が昔から自然に行ってきた「潜在意識にはたらきかける」方法を提唱しています。

何かを変えたいと思うなら、潜在意識を変えないといけないのです。「幸せになりたい、幸せになりたい」と大声で唱えるのではなく、余計なことを考えないで「幸せになったイメージ」を潜在意識に送り込めば、それはいつしか形になって表れるわけです。

ところが幸せを願いながらも、雑念が湧いて「叶わないのではないか」と否定的な感情が入っていては実現することはありません。では、どうしたらよいのでしょう?

現代のスピリチュアルなメソッドになくて、昔の日本人が当たり前に持ち合わせていた感性――それが「語呂合わせ」や「駄じゃれ」「当て字」などの「言葉遊び」を楽しむ感性にほかなりません。言葉遊びこそ、実は願望実現の近道なのです。

昔の日本人は、本当に伝えたいことを「駄じゃれ」など、「言葉遊び」が喚起するもう一つの意味や同音異義の言葉に託して伝えていました。

そうした言葉遊びに含まれるユーモアが、ネガティブな思いを吹き飛ばして心を和《なご》ませ、本当に伝えたい意味がスムーズに伝わるのです。和歌の掛詞や枕詞なども、字面《じづら》の意味ではない部分で本音を伝える手段でした。

また、言葉遊びが引き起こす「笑い」にも、ネガティブなエネルギーを払う働きがあります。

「笑う門には福来たる」というように「笑い」は誰でもが気軽にできる最強の開運法にほかなりません。思えば、狂言、落語、漫才など、日本では昔から「笑い」を売る芸能が盛んです。「わっはっは」と大声で笑う神行事もあることを考えると、「笑い」の開運効果、魔除け効果を昔の日本人は知り抜いていたとしか言えません。

日本人ほどエネルギーのはたらきに熟知し、使いこなしていた民族はいないのではないでしょうか？　それは、祓《はら》いと禊《みそぎ》があることからも分かります。

祓いは、目に見えない霊的な垢《あか》や塵《ちり》など知らないうちに引き寄せた霊的なマイナス要素や、不吉な場所で拾ってきた不浄エネルギーを祓うことで、主に他者にやってもらいます。

禊は、もっと根源的です。

内面にある卑下や劣等感など、自分を低く評価している感情、不要な想念や知識、記憶などを取り去り、心を何もない清明な状態に戻すことです。

依存を徹底的に排し、自分を信頼して、魂をまっさらな状態に戻すと、もう心の中にはネガティブな情報を引き寄せる要素がなくなったので、いつも明るく楽しい心でいられるのです。

祓いと禊の大きな違いは、禊は誰かにやってもらうのではなく、自分で自分の心を掃除しなければ成し遂げられないということです。そこに他人任せや依存の余地はありません。どれほど辛くても自分の垢は自分で取るしかないのです。

そして、この点にこそ、日本人のスピリチュアルの深さ、高さがうかがえるのです。

どんなにきれいに部屋を掃除しても、いつの間《ま》にか埃《ほこり》が溜まっていくように、人間の心も一度禊をすればよいということはありません。埃や汚れが付かないように、絶えず浄化が必要なのです。

小さい時から日本人は、嘘をつかない、汚い言葉を使わない、姿勢を正す、お年寄りに敬意を払う、エネルギーの低い場所に出入りしない、など日々の生活を律する躾《しつけ》を受けてきました。

特別な行《ぎょう》などすることなく、誰でもできる簡単な生活習慣を身に付けることで、魂を汚さない方法が社会の仕組みとして存在していたのです。生活全般がスピリチュアルに縁どられていた、と言ったらよいかもしれません。

昔、英会話学校でイギリス人の先生がこんなことを言っていたのを思い出しました。

「日曜日に教会に行くわれわれは『パートタイム信仰』だけど、日本人は凄いね、『フルタイム信仰』だよ。それも365日（笑）」

日本とはそんな稀有《けう》な国であることに、改めて感謝したいと思います。

富士山と、高度5000mのご来光

日本人にとっての桜

世に中に　たえて桜のなかりせば　春の心はのどけからまし

『古今和歌集』に収められている在原業平《ありわらのなりひら》の有名な和歌ですが、ことほどさように桜の花というものは、日本人の心を惹《ひ》きつける何かがあるようです。

「桜切る馬鹿、梅切らぬ馬鹿」という言葉もあります。

植木屋さんの話では、これは桜の幹が梅よりも腐りやすく、下手に剪定《せんてい》をすると、切り口から腐朽菌が侵入して樹木自体が腐ってしまうからだそうです。とくにソメイヨシノは幹に腐朽菌が入るとたちまち侵され、中が空洞になってしまいます。

ソメイヨシノといえば、面白い話があるのでご紹介しましょう。

筑波大学名誉教授板野《いたの》肯三《こうぞう》さんのお話です。板野さんはご専門がコンピューター工学ですが、ある時、水耕栽培で1本のトマトの木に1万7000個も実をつけたことに驚き、ご自分でも稲を水耕栽培で育てたところ、なんと一粒の稲から500本もの茎《くき》が出たのです。

もっと実験を続けたかったそうですが、それ以上は予算もなく、狭い研究室では無理だったため、やむなく稲を水から引き抜くことにしたのです。今までいろいろな姿を見せてくれたことに感謝し、ごめんねと謝って、稲を引き抜いたそうです。まるで「わが子を見殺しにするような気さえして心が残った」と板野さんは著書（『地球人のための超植物入門』アセンド・ラピス刊）で語っています。

それからです。板野さんが植物からのメッセージを受信できるようになったのは。稲だって魂はあるはず、と思い続けながらこの稲についての文章を書いていると突然、あの時の稲の精が、板野さんに語り掛けてきました。

「あの時はとても楽しかったです。あなたのもとで、とて

『地球人のための超植物入門』アセンド・ラピス刊

も面白い体験ができました。感謝しています」
姿は見えないのに、板野さんの胸の中から自分ではない何かが語りかけてきたのです。そして稲の精との対話から、水耕栽培にしても、植物側からの協力と植物自身の「やる気」がないと、人間の力だけでは何も起こらないことを学んだのでした。

そんな板野さんが、ソメイヨシノについても大変興味深いことを語っています。ご存じの通りソメイヨシノは原種の桜ではなく、オオシマザクラとエドヒガンザクラの交配から生まれました。

交配させて作られた植物はどれもそうらしいのですが、ソメイヨシノの種を植えてもソメイヨシノにはなりません。挿し木で増やすしかないのです。板野さん曰く「そういう意味ではすべてのソメイヨシノは、元のソメイヨシノのクローンである」

ソメイヨシノがクローン！
驚きの情報です。日本中、いえ、世界中に生えている何百万本ものソメイヨシノは、元をただせば一本の木だというのです。では、桜の精はどうなるのだろう、木の数だけ精霊もいるのか、それとも一人の精霊が何百万本の木につながっているのか、と疑問に思った板野さんは小石川植物園の樹齢140年の桜の木に訊《き》いてみることにしました。

小石川のソメイヨシノさんの話によると、まずソメイヨシノの魂の原型になるものが（宇宙に）生まれ、それを地上に降ろす時にもともとあった二つの桜の木を掛け合わせて作ることにしたそうです。この「掛け合わせ」の部分は人間が担当しました。いろいろな組み合わせのうち、オオシマザクラのおしべとエドヒガンザクラのめしべで掛け合わせた組み合わせだけに、ソメイヨシノの魂が宿ったのです。

挿し木という人間の手を介さなければ、けっして自ら増えることのないソメイヨシノの生き方は、植物としてはかなり特異であると言えます。「しかし、あえて自分の力で種を残していかないということが、一瞬のうちに咲いて散っていくソメイヨシノという桜の生き方そのものでもある」と板野さんは結んでいます。

左がお父さんのオオシマザクラ、中がお母さんのエドヒガンザクラ、右が子供のソメイヨシノ

短くも美しい命を精いっぱい咲き誇り、潔《いさぎよ》く散っていく姿に、どれほど多くの日本人が感性を震《ふる》わせ、精神性を感じ取り、そこに人の生き方を重ねてきたことでしょう。もしかしたら、それを私たちに感じさせるために、ソメイヨシノは、この地上に降り立ったのかもしれません。

日本人が毎年桜前線の動きを気にしたり、大勢の人が花見に興《きょう》ずるのは、単に桜が美しいからだけではないでしょう。満開の桜を見上げた時、無数の花に見つめられ、一瞬時が止まったかのような感じがする時があります。まるで「今、ここが永遠である」かのような幻覚に襲われます。桜の意志を感じる瞬間でもあります。

私たち日本人が花見好きなのは、こうした桜の意志を感じるだけではなく、桜が田んぼに神を降ろす役目をしている、ということとも関係しているかもしれません。

板野さんが訊いてみた小石川植物園のソメイヨシノ

「春に満開に咲く『桜』を、秋の『稲』の実りに見立てて、仲間とワイワイお酒を飲みながら先に喜び、お祝いすることで願いを引き寄せようとしていた」と、コピーライターのひすいこたろうさんは『前祝いの法則　予祝のススメ』（フォレスト出版）で語っています。お花見は稲の豊作を予祝して、引き寄せるためのイベントだったのです。まさに「引き寄せの法則」の実践です。

最近では中国でもお花見が盛んになっているそうですが、稲作との関係や神行事としての側面はたぶん伝わっていないでしょう。

ましてや、ソメイヨシノの「意志」などは、とてもとても……。

たれこめて　春のゆくへも知らぬ間に　待ちし桜もうつろひにけり

藤原因香《ふじわらのよるか》『古今和歌集』

コロナ禍ではまさにこの和歌の通りの春となってしまいました。それでもこれからは、心おきなく桜を堪能し、「平和な豊かさ」を引き寄せたいですね。お花見は経済効果もあるので、一挙両得です。

日本人にとって「自然」とは？

フランス国費留学生の修士論文のチューター（補助教員）を務めていた時のこと、日本のあらゆることに興味津々《しんしん》の彼女から、思いがけない意見や感想を聞くことがよくありました。

ある時、彼女が少し怒ったような顔でこう言いました。

「日本人は自然を愛すると聞いたけど、嘘ですね。自然を侮辱しているじゃないですか！」

何のことかと思ったら、彼女は寿司のバランに怒っていたのです。

寿司と寿司の間に置かれたバラン

「なぜ、本物の葉を使わないの？　お寿司までみすぼらしく見える！」と言うのです。本物の葉は高いし、手に入りにくいからとか、バランを擁護する話をしたら、「偽物を平気で使う神経が分からない」。さらに商店街の「桜祭り」で、店舗がみなプラスティックでできた「偽物の桜」を飾るのはおかしいとまで言うのです。日本人の言う「自然」は本物の自然ではなく、「自然まがいの偽物」だと、それは厳しいお言葉（笑）。

たしかに、商店街はどこも春は桜、秋は紅葉《もみじ》のプラスティックのオーナメントで飾り立てています。それを今まで「おかしい」と思ったこともなかった私は、留学生から改めて日本人にとっての「自然とは何か」という問題を突きつけられたような気がしました。日本人は「自然」が好きだと大部分の日本人自身は、何の疑いもなく思っていることでしょう。でも、本当にそうでしょうか。

アメリカの建築家で辛口のエッセイストであったバーナード・ルドフスキーは、2年間の日本滞在で見聞したことを『キモノ・マインド』（鹿島出版会刊）という本にまとめました。その中で彼は民家やアパートの玄関先に所狭しと鉢植が置かれている様子について、こう書いています。

「日本人には巨大な本物の自然というのは合わないのだろう」

たしかに日本人が「自然はいいなぁ」と言う時にイメージする自然は、里山のように適度に人間の手が入り、生命を脅《おびや》かすこともなく、鉢植えや盆栽のように愛玩できる「小さな自然」かもしれません。ルドフスキーが言う「巨大な本物の自然」は、厳しい冬の寒さを「冬将軍」、大雪を「白魔」と表現するように、何か恐ろしい物として遠ざけているようです。

日本人が好んで愛《め》でる自然として「花鳥風月《かちょうふうげつ》」という言葉があります。これも優しい自然ですね。日本人にとって自然とは、「愛でる」という言葉が表しているように、身近にあって戯《たわむ》れることができる規模の「小さな自然」なのです。思えば、日本人は万葉の昔から「花を摘《つ》む」「花を見る」という形で自然に親しんできました。それでもけっして登山のように、猛々《たけだけ》しい自然に挑むようなことはしませんでした。

『キモノ・マインド』の原書

カナダに留学したことのある人が言っていました。雪でバスが大幅に遅れ、約束の場所に行けなかったのでお詫びをしたところ、先方が「マザーネイチャー（母なる自然）だから（仕方ありませんよ）」と答えたと言うのです。なかなか来ないバスを待つ人々も、「マザーネイチャーだから」と焦《あせ》ったり、イラ立つこともなく、穏やかな表情だったそうです。

「マザーネイチャー」の厳しさを受け入れて生活しているのです。これが今の日本だったらどうでしょう（笑）。自然を愛するはずの日本人が、雪という自然現象をを受け入れるより、あちこちでパニックになっていますね。

「小さな自然」を愛する日本人は、大きな「マザーネイチャー」の中で暮らすより、「扱いやすいサイズの自然」を生活に引き込んで快適に暮らすことを選んだのでしょう。

ですから「手ごろな大きさの自然」がない時は、それを作りました。はじめは盆栽のようなものだったかもしれません。し

玄関先に並ぶ植木鉢。ルドフスキーが愛した日本の「自然」。かつての下町にはこんな光景が当たり前に見られた

かし、ひとたび人間の手が入れば、あとはさまざまな工夫がなされるようになるのは、時間の問題です。それも、あたかも「自然」であるかのような顔をして。

たとえば、生け花を見てみましょう。生け花をする人は、きっと自然を愛する人だろうと思われています。でも、生け花はけっして自然ではありません。誰も自然界の花があのような状態で咲いているとは思わないでしょう。

技術と練り上げられた感性の極みで、自然界ではありえない花のたたずまいが立ち現れた時、人々は「美しい」と感じるのです。いわば「観念化された自然」、それが生け花であり、日本人が愛する「自然」なのです。

「自然」が観念化されるとは、「自然」から具体的な要素、たとえば花びらの形や色などが抜け落ち、コンセプトやイメージの集合体となることにほかなりません。

小野小町《おののこまち》の和歌「花の色は移りにけりないたずらに　わが身世にふるながめせしまに」の「花」、世阿弥《ぜあみ》の「秘すれば花」の「花」は、梅でも桜でもありません。

それは、つぼみをつけ、花が咲き、やがて枯れてゆくという花の一連のプロセスや、華やかさ、美しさという花の属性が、自分の語りたいことを表すための操作概念として使われているのです。

「花鳥風月」にしても同じことです。どれも少しも具体的ではありません。いわばイメージ存在なのです。そのイメージを具体的に表現する段になると、今度は「らしさ」が必要になります。面白いことに、この「らしさ」を表現するためには、かえって自然から離れたほうがいい場合があるのです。

たとえば、冒頭のバランでも、自然界のものは色や形がまちまちです。入手も大変です。いつも同じ品質の「これぞバラン！」というものを提供したいなら、人工的に作るしかないのです。だから「イメージとして完璧なもの」を作ることにおいて、人工物を使用することに私たちは抵抗がありません。

自然界では絶対にこんなふうに生えていません。自然からかけ離れているのに、私たちはこれを「美しい」と感じるのです

桜祭りだからだといって、「祭り」にふさわしい満開で枝ぶりも良い桜が、そうそう至る所にあるわけではありません。「だったら、理想的な桜を作ろう」という流れになるのは、ごく自然なことなのです。

問題はそれが本物の桜かどうかではなく、「どれほど桜のイメージを完璧に体現しているか」が重要なのです。日本人にとって、イメージは時として現物よりも大切なものなのです。

自然を愛でる日本人。それは「自然のイメージを愛でる」日本人ということに、ほかなりません。私たちは、思いのほか観念的な民族なのです。

上毛電鉄の「桜列車」。花は満開なのに葉が出ている枝の飾り。自然界では葉桜になる頃、花は盛りが過ぎている

ハスキーはお好き？

今でも覚えていますが、森進一さんのデビューは世間を驚かせたものでした。私の母は「あんなしわがれ声でよく歌手になれたこと！」と、昔の東海林《しょうじ》太郎のような端正な声を懐かしんでいたものです。

けれども、森進一さんの前にも水原弘、守屋浩など、「しわがれ声」とまではいかなくても、ハスキーな声の歌手はいたのです。松尾和子という歌手は、物憂《ものう》そうな表情のハスキーボイスで、たいそう人気を博《はく》していたのを子供ながらに覚えています。また、「伊勢佐木町ブルース」を歌った青江三奈は、ジャズで鍛えたスイング感溢れるハスキーボイスで人気を博していました。

澄んだきれいな声をよしとする風潮もありながら、現実にヒットするのはここに挙げたようなハスキーボイスの歌が多いのは、なんとも面白い現象です。

実は、これには深いわけがあるのです。

気づいていない方もいると思いますが、日本人は伝統的にハスキーボイスが好きです。義太夫、浪曲などのいわゆる「濁声《だみごえ》」にしびれるのです。なぜでしょうか?

それは、日本人の「音」に対する昔からの意識がそうさせているのです。

そもそも、昔の日本には西洋的な意味での「音楽」というものがありませんでした。「音」というものは神界とつながるための手段であり、神界とつながって、高次元のエネルギーを降ろすことで「神と一体になる」ことが、とても大事なことだったのです。そして、神とつながるには倍音《ばいおん》が必要だと、日本人は感覚的に知っていたようなのです。

倍音《ばいおん》。

自然界にはさまざまな音が流れていますが、自然界の音は西洋楽器のような澄んだ音ではなく、豊かな倍音に溢れています。最近のCDなどのデジタル音源では2万ヘルツ以上の音は、「聴き取れない」という理由でカットされています。しかし森林の中では5万ヘルツ以上の倍音が充満しているそうです。

聞き取れる音だけが「音」ではありません。実は聴覚で感知できない「バイブレーション」の部分こそが「音の本質」で、それが神とつながることを可能にしてくれるのです。

生命維持に関わる「脳幹《のうかん》」、嗅覚以外のあらゆる感覚情報を大脳皮質に送る一大中継基地である「視床《ししょう》」、自律神経の調節を行う「視床下《か》部《ぶ》」――といった脳の大事な部位は2万ヘルツ以上の音域で活性化します。ですから、心身が健康になり、感受性が豊かになるためには、2万ヘルツ以上の高次倍音を浴びる必要があるのです。

だからと言って、2万ヘルツ以上のバイブレーションの部分だけを切り取って聞かせても、脳は反応しないそうです。あくまでもある音から発せられる「自然の倍音」としての2万ヘルツ以上の音域でないと、脳は反応しないのです。

森の中は5万ヘルツ以上のバイブレーションが溢れている

誰でも知っている倍音といえば、「除夜の鐘の音」があります。ゴ〜ンと鐘を撞《つ》くと、そのあと、基音《きおん》以外のさまざまな音が幾重《いくえ》にも重なりあってグワングワン〜という響きが残ります。

あれが倍音です。私たちはゴ〜ンという音よりも、そのあとの余韻を味わっています。つまり倍音を味わっていると言っていいでしょう。倍音のバイブレーションを身体《からだ》全体で受け止めながら行く年を振り返る——除夜の鐘が私たちをそんな気持ちにさせるのは、倍音が豊かだからにほかなりません。

人の声の場合、倍音が豊かなのは、特に「非整数次倍音」の「ハスキーボイス」です。非整数次倍音は、基音の振動に対して、不規則な周波数を持つ音です（逆は「整数次倍音」で、基音に対して整数倍の周波数を持つ音のことを指

倍音豊かな除夜の鐘

します)。

歌手名で言うと、非整数次倍音の声の歌手は、桑田佳祐、宇多田ヒカル、中島美嘉《みか》、八代亜紀など(外国人ではエド・シーランやブルーノ・マーズもそうです)。

整数次倍音の声の歌手には、美空ひばり、郷ひろみ、B'zの稲葉浩志がいます。あ、ジョン・レノンも整数次倍音の声ですね。

こうしてざっと名前を挙げただけでも、大勢のファンがいる人気歌手は倍音の豊かな声の持ち主であることが分かります。

そしてもう一つ、日本人が大好きな音遣いがあります。それが「こぶし」です。カラオケなどでこぶしを回して歌っている人を見ると分かりますが、目を閉じて、うっとりと歌っています。「こぶし回し」は、実は聴いている人よりも歌っている本人が一番気持ちがいいのです。それが「忘我の状態」、神と一体化した状態だと昔の日本人は考えたのでした。

人が「変性意識」と言われる忘我の状態になるには、ピッピッピッ、トントントン、といったパルス音を聴かせるのが有効です。木魚などの単純な繰り返しが眠気を誘うように、パルス音は人の意識を気持ちよく、別天地へといざなってくれるのです。

楽器でパルス音を出すことはたやすいのですが、声の場合はどうしたらよいでしょうか。「あっあっあっ」と音を切って歌うのは歌いにくく、また聞きやすいものではありません。そこで「音を切らずに切る」方法として、「こぶし」が用いられたのです。

民謡や演歌で多用される「こぶし」は、歌の「さわり」の部分として、聴き手の心に響きます。都はるみの「アンコ椿は恋の花」という歌で、「アンコ椿はぁ～あああ～ん　あ～ん　かぁ～たぁだぁあよぉりぃ～」と、これでもかとばかりこぶしを回しています。こうした音の揺らしが、パルス音と同じ効果を生み出します。

木魚の音は、死者の魂をあの世に送ると同時に、生者にも安らぎをもたらす

西洋音楽でも、「メリスマ」という技法があり、古くは「グレゴリオ聖歌」など、神と

一体化するための教会音楽でよく使われていました。こぶし、あるいはメリスマによって音を引き延ばしながら揺らして歌うと、聴き手の心に深く入っていき、感動を与えるのです。

細川たかしの「津軽山唄《つがるやまうた》」を聴くと分かる通り、こぶしを多用して悠然と歌っています。民謡に興味がない人や彼のファンでもない人が聴いても、胸を揺さぶられること間違いなしです。圧倒的な歌唱力も重要ですが、こぶしによる音の揺らしが、鳥肌が立つような感動を与えてくれるのです。

「津軽山唄」はこちらのYouTubeでどうぞ。

https://www.youtube.com/watch?v=zN_ip-ovOk0

国際気能法研究所所長の秋山眞人《あきやままこと》氏は、細川たかしの「津軽山唄」について、「母音が引き延ばされ、複雑に揺らされて歌われていく。歌詞を味わうというより、「音の揺れ」を味わう部分が中心となっているのである。（中略）しかし、そのことで音に込められる霊力・呪力は半端なものではなくなる」、と述べ、「津軽山歌は山の神に出会うことを目的とした神歌である」とまで言っています。（『怖いほど願いがかなう音と声の呪力』秋山眞人著

河出書房新社刊）

ハスキーボイスとこぶし。

これが日本人の好きな音遣いなのです。ですからハスキーな声で「コブシ」を回して歌ったら、日本人はもうたまらないのです（笑）。これこそが手っ取り早く「神と一体になれる」手段なのですから。

明治以降、西洋式の音楽教育が導入されてからは、倍音豊かな濁声《だみごえ》は排除され、澄んだ声が良しとされました。そして、こぶし回しによる音の揺れは「音痴」とみなされ、地声で歌うことは恥ずかしいという意識を生みました。

現在では神社で上げる祝詞《のりと》でさえ、西洋式の「きれいな声」で音の揺れのない一本調子の唱え方をされています。これではどんなにありがたい祝詞でも言霊《ことだま》が響かず、本来持っている霊力が発揮されません。

大本《おおもと》教の出口王仁三郎《でぐちおにさぶろう》が挙げた祝詞の貴重な音源があります。それを聞くと「祝詞とはなんと力強い言葉なのか」と感じ入ります。

出口王仁三郎の「天津祝詞」の音源はこちらにアクセスしてください。

https://www.youtube.com/watch?v=NkXgvjIfekk

祝詞に限らず、日本語は倍音豊かなこぶしの効いた声で発せられる時、もっとも言霊が響くのではないでしょうか。

「分」を知り、「分」を尽くす

日本では「親子」のような関係は、「親」と「子」ではなく、「親子」という一つの構造である、と考えたことがありました。

そのような構造的な関係の中で、親となり、子となった場合、人はその構造内での「自分の役割」を考えます。親ならどう行動するべきか、子ならどう振る舞ったらよいのか、を考えて行動するのです。それは親子に限らず、「主従」でも「師弟」でも同じことです。それが「分」を知るということです。

「分」を知る――なんだか古臭い考えのように見えますが、けっしてそうではありません。それぞれが己《おのれ》の分（まさに「自分」です）を知って行動することで、全体がうまくかみ合い、物事がスムーズに進む秘訣なのです。さらに「分」を尽くす段階になると、構造的関係自体に劇的な変化が起きます。

このことに関して、私には忘れられない本があります。それは越後長岡藩の家老の娘に生まれた杉本鉞子《すぎもとえつこ》の自伝『武士の娘』です。そこには、当時（幕末）では当たり前だった主従一体の関係を垣間《かいま》見るエピソードが書かれていました。

鉞子は、生まれつき縮れ毛で、日本髪を結うときは、大変苦労しました。火鉢で熱した鏝《こて》を何度も当てて毛を伸ばし、びんつけ油をたっぷり使ってぎゅうぎゅう引っ張りながら結い上げるのです。それでもしばらくすると、鬢の毛がほつれてきます。「どうして私は姉さまたちのようなまっすぐな毛でないのだろう」と、幼ない胸を痛めていました。

ある朝、女中の一人が頭に手ぬぐいをかぶって仕事をしていました。不思議に思って手ぬぐいを取らせると、見事だった黒髪は跡形もなく、バッサリと切られていました。余りのことに驚き、訳を尋ねたところ女中はこう答えたのです。

「お嬢様の髪を結うたびに不憫《ふびん》でなりませんでした。お不動様に私の髪をお供《そな》えして、どうかお嬢様の髪がまっすぐになりますようにと願をかけてまいりました」

『武士の娘』杉本鉞子著
大岩美代訳　ちくま文庫

この女中は、誰に命令されたのでもありません。「主従」という構造的関係の中で、自分ができる精一杯のことをしただけなのです。お仕えする人が縮れ毛で悩む姿を見て、「女中である自分は何ができるか」を考えた末の行動なのでした。

このくだりを読んだとき、当時の主従の在り方に感動のあまり、私は涙が止まりませんでした。

こうしたエピソードは何も武士階級だけの話ではありません。当時の日本人が当たり前に持っていた感性です。身内の話ですが、明治生まれの私の伯母の体験も、「親子」という構造的人間関係の中で、子供が自分の「分」を最大限考えた末の行動の一例として紹介させていただきます。

明治時代、大工だった母方の祖父が大病を患《わずら》い、医者も匙《さじ》を投げるほどの状態になった時のこと。当時14歳だった母の姉である伯母が、ある時からご飯にきな粉や砂糖をかけて食べるようになり、副食を一切口にしなくなりました。日に日に顔色が悪くなるので、祖母が心配のあまり尋ねました。「最近、食欲がないみたいだけど、どこか悪いのかい？」

伯母は微笑《ほほえ》みながら「ううん、大丈夫よ」と言うばかりでした。

ある朝、伯母は起きるなり母親ところに走ってきて、こんな話をしました。「お母さん、今日、不思議な夢を見たの。天狗様が白い羽うちわと黒い羽うちわを持ってきて、『お前は親孝行な子だからこちらを授けよう』と、白い羽うちわをくれたの。これ、どういう意味かしら？」

母親は何かあると思い、日ごろの食事のことや不審に思っていた最近の様子を質《ただ》しました。すると、とんでもないことが分かったのです。伯母は、父が不治の病に罹《かか》ったことを知り、どうしたら父親の病気が治るか、自分は子供として何ができるかを考え抜きました。そして一大決心をしたのです。

伯母は近くの神社に行き、「百日間塩断ちをしますから、どうか父の命を救ってください」とお願いしたのでした。それから百日の間塩気のものは一切口にせず、毎日神社に父の回復を願いに行きました。そして、明日が満願という晩、天狗の夢を見たのでした。

話を聞いて、祖母は泣きました。「それは吉夢だよ。お前

天狗像　高尾山

の父を思う気持ちが神様に通じたのだよ」と親子で泣きじゃくったそうです。事実、祖父はそれから医者も驚くほどの回復を見せ、無事快癒しました。

昔の日本人は、構造的人間関係の中で、己の「分」（みずからの「分」――「自分」）とは何かを考えます。それを見極め、「その分」を尽くそうとするのです。14歳だった伯母が、子供として父親の病気が治るために何ができるかを考えた結果が「塩断ちして病気の快癒《かいゆ》を神に願う」ことだったのです。

あちこちで開かれたオンライン飲み会

こうした行動は美談というより、危機に遭遇した時に表れる日本人の習性とも言えるものです。余りに自然すぎて気づかないかもしれませんが、今も脈々と私たちの行動に表れているDNAなのです。

たとえば、コロナ禍でも、政府が「要請」しかできない状況の中で、国民は誰に促されるともなく、「今自分たちに何ができるか」を自然に考え、行動に移していました。マスクがなければ手作りし、進んで外出を控え、在宅の時間を楽しむオンライン飲み会などを開いたり、創意工夫で緊急事態をやり過ごしてきました。

世界中で感染が深刻化するなか、日本だけがダントツに少ない感染者数だったことで、諸外国はその理由を躍起になって探しています。はたしてそれが日本人の「分」を尽くす性分の表れだと、気づいてくれるでしょうか？

「分」を知ることで自主的に行動する――そこから創意工夫が生まれ、共有することで社会全体が進化していく。この習性が日本人独特のＤＮＡなら、私たちはこのすばらしいＤＮＡに感謝しなければいけません。

第二章 日本の発見

「感性」の国、日本

金沢市に「やちや酒造」という加賀藩前田家御用達の酒蔵があります。有名な「加賀鶴」を製造している創業４００年を超える酒蔵で、私の会社の装置を使ってくださっています。そんな伝統ある老舗《しにせ》の酒蔵とご縁ができているのはありがたいことですが、今回はその話ではありません。

杜氏《とうじ》の山岸昭治《やまぎししょうじ》さんのことです。

何といっても酒は水が命。杜氏は、いわば「水のソムリエ」です。「加賀鶴」は地元の医王山《いおうざん》の伏流水を使っていますが、季節や気候によって微妙に変わる水の味を見極め、４００年間変わらぬ味を維持しています。

杜氏の山岸さんは独特のやり方で水を口に含み、まる

やちや酒造杜氏　山岸昭治さん
（2023年に引退）

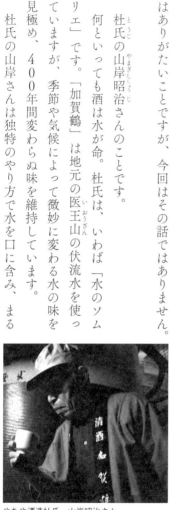

で玉を転がすように口の中で水を転がします。外からは窺《うかが》い知れぬやり方で五感のすべてを口の中の水に集中させ、その水がどんな水かを見極めます。能登《のと》杜氏四天王の一人、杜氏歴21年の山岸さんの舌は、味覚センサーでは分析しきれない微妙な水の特徴が分かるのです。まさに「酒の匠《たくみ》」といったところです。

酒蔵に限らず、日本の「職人」と呼ばれる人々には、高度な技術を裏打ちする「磨き抜かれた感性」がありました。ただ技術がうまいだけではいい職人になれません。技術の背後にある「感性」を磨くことで、技術のレベルも向上していくのです。

大工、左官、指物《さしもの》師、染物師、板前等すべての「職人」は、木や水や食べ物など自然のものと向き合い、それとの対話を通じて作品を仕上げていきました。そのために五感

清酒「加賀鶴」と「前田利家公」のラベル

を研《と》ぎ澄まし、鋭く豊かな感性を育《はぐく》んでいったのです。

というより、江戸期までの日本では、五感を研《と》ぎ澄ますことは「大人のたしなみ」として、当然のことでした。

日本在住の湿板写真家、エバレット・ケネディ・ブラウンさんによれば、今でも長野県の山奥に、きれいに花を活《い》けられない男性は「成人」と認められない村があるそうです（エバレット・ケネディ・ブラウン著『失われゆく日本』p134）。

いかに「感性を磨くこと」が重要視されていたかが分かります。

エバレット・ケネディ・ブラウン著 『失われゆく日本』小学館刊

歌道、茶道、華道、香道、およそ「道」とつくものは、そうした五感を磨き、自然の微細な変化にも反応できる身体感覚を鍛え、それを通して「感性を磨き上げる」ためのもので、単なる習い事ではありませんでした。

その証拠に、生け花やお茶は、公家や武士など男性が身に付ける「大人のたしなみ」だったのです。歌を詠《よ》み、書をしたため、舞を修め、笛や鼓《つづみ》などの楽器を操り、花を活け、茶を点《た》てる——こうした芸事を、貴族だけでなく、武士たちも嗜《たしな》んでいたことに、かつて

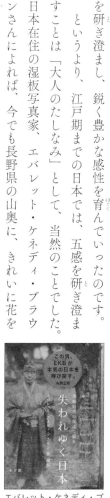

の日本の文化の奥行きを感じないではいられません。武将たちはただの「戦士」ではなく、茶人であったり、歌人でもある「風流の人」だったのです。

かえらじと　かねて思えば梓弓《あずさゆみ》　なき数に入る　名をぞとどむる

この和歌は、楠木正行《くすのきまさつら》（楠木正成《まさしげ》の嫡男）が最後の合戦に出陣する前に詠《よ》んだ歌です。正行自身が吉野の如意輪堂《にょいりんどう》の木の扉に矢じりで刻んだ歌で、今も残っています。以前夏休みに家族で当地を訪れ、流麗に刻まれた現物を見てきました。

この和歌を扉に残した後に、散華《さんげ》したのだなぁ、と思うと、23歳で散った命に切なさを覚えると同時に、死を決意した瞬間まで和歌を詠める精神状態に感動してしまいました。正行だけでなく、ほとんどすべての武将が巧拙《こうせつ》の違いはあれ、和歌を嗜んでいた当時の文化度に、ふと憧憬《しょうけい》のような思いが生まれてきたのを覚えています。

楠木正行像　飯盛山山頂。右手に筆、左手に短冊を持っている

『平家物語』に、平忠度《たいらのただのり》が都落ちする際に、「世が治まって、勅撰和歌集を編纂する時があれば、自分の歌を一首でも入れてください」と、和歌をしたためた巻物を藤原俊成《ふじわらのしゅんぜい》に託《たく》した逸話があります。

さざなみや志賀の都はあれにしを　むかしながらの山ざくらかな

勅勘を賜《たまわ》った忠度の和歌は、その後、名前を秘して「読み人しらず」とし『千載集《せんざいしゅう》』に載せられていますが、それほどに武人が和歌にこだわっていたのです。

水の流れ、風の音、花の香り、鳥の鳴き声、月の明かり……。そうした微細な自然現象を理解する、繊細で、鋭くて、奥行きのある感性。それが身分の上下を超えて、日本人全体に共有されていたのでした。そして、その感性の元には、独特の自然観があったのです。

それは、自然に飲み込まれた形で一体になるのではなく、ほどよい距離感を保ちつつ、時には自然の一部をカスタマイズしながらかかわっていく。そんなかかわり方で「編集した自然」を日本人は愛《め》でたのです。「花鳥風月」という表現は、まさにこの日本的に編集した自然にほかなりません。

「自然を編集する」。耳慣れない言葉かもしれませんが、日本人の自然とのかかわり方を一言で表すなら、こうとしか言えません。編集工学研究所を主宰する松岡正剛《まつおかせいごう》さんも、「日本とは何かを考えていった時、その独自性は歴史的建造物や伝統芸能にあるのではなく、自然の切り取り方、物事への接し方、という『方法』にこそ、その独自性がある」ということを仰《おっしゃ》っています。そこから松岡さんは「方法日本」というコンセプトを提示して、さまざまな角度から日本とは何かを研究されています。

こうして独自に「編集された日本の自然」を味わい、その中に住まうには、それにふさわしい「感性」が必要になります。「感性」は誰にも備《そな》わっていますが、「編集された日本の自然」を感得し愛でるためには、より鋭く繊細になるような訓練が必要です。それが華道や茶道という、「道」とついた五感を磨くシステムだと言えましょう。

私は、歌詠みに代表されるそんな感性にこそ、日本文化の神髄があると思っています。それを伝えない限り、いくら歴史的建造物や古典芸能を見せても、けっして日本文化を世界に発信することはできないでしょう。それらは文化の表面にすぎません。日本の本当の姿はその奥にある豊饒で繊細な知性に裏打ちされた「感性」の領域にあります。

しかも、その感性は欧米のように上流階級のみが身につけていたのではありません。ごく普通の庶民が暮らしの中で共有していたのです。

幕末に日本を訪れた外国人が一様に驚いたのは、そうした感性が高度な成熟度で、人々の暮らしの中にまんべんなく広がっていたことです。知性をも包摂したような、繊細で、端正で、奥深いこの感性。日本人には当たり前すぎて言語化することもなかったこの感性に、当時の外国人たちは皆、魅《み》せられていったのです。

しかし、残念なことに、それこそが今の日本から失われつつあるのではないでしょうか。

最近、俳句がちょっとしたブームになっています。自然の光景の一瞬を切り取る俳句的感性は、日本人が連綿として持ち続けてきた上述の感性の復権を感じさせてくれます。柔らかで、繊細で、しかも鋭く、時として知的でさえある感性——実は、デジタル的な知の対極にあるこの日本的感性は、五感

日本人は桜の花そのものだけを見てはいけない

のないＡＩがけっして獲得できない資質でもあります。なぜなら、感性は「今」に反応するもの、過去のデータの集積から導き出せるものではないからです。

五感を鍛え、磨く。ＡＩに負けない道は、直観と感性の精度を上げることで開けてくるかもしれない、と本気で思うのです。

これも日本発？現代文化に通底する美意識――「やつし」

テレビの人気長寿番組と言われて思いつくのは「水戸黄門」「暴れん坊将軍」「遠山の金さん」くらい。これらの番組はなぜ人気があるのでしょう？

よく「勧善懲悪《かんぜんちょうあく》」のワンパターンが安心して観ていられるからだと言われても、それだけではないような気がします。実は、これらの番組にはある共通のテーマがあるのですが、お気づきでしょうか？

それは、「ある目的のために身分の高い人が卑《いや》しい姿に身をやつす」というテーマです。

「やつし」――歌舞伎でもよく見られる手法で、すし屋の使用人弥助《やすけ》が実は平維盛《たいらのこれもり》（「義経千本桜」）というように、高貴な人が身分の低い人物に身を「やつし」て、本懐を遂げるパターンです。有名な「助六由縁江戸桜《すけろくゆかりのえどざくら》」も、吉原に出入りする俠客花川戸《はなかわど》助六が実は曽《そ》我五郎《がごろう》という設定になっています。

歌舞伎はこのモチーフが好きと見えて、至るところに「○○、実は△△」という役があり、「実は」と本来の姿を現すところが見せ場となっています。

なぜ「やつし」というスタイルが出来たのかという点については、江戸時代の贅沢《ぜいたく》禁止令に対する民衆の反骨精神の表れという説があります。

絹を禁じられた町人が、着物の表地は質素な木綿《もめん》でも、裏地に鮮やかに染め上げた絹を使ったり、金ではなく「いぶし銀」を印籠《いんろう》や根付《ねつけ》に使ったりした事実がそれを物語っている、というのです。

『源氏物語』を挙げるまでもなく、「貴人の落魄《らくはく》」というテーマは昔から日本人に好まれていました。それに江戸時代の「お上への反骨」が加わったのかもしれません。

それも単なる反抗ではなく、表面上は規制を受け入れつつもそれを逆手《さかて》に取って新たな美意識を創り出した、というわけです。

たとえば、遠目からは無地に見えるのに、近くで見ると精緻な柄が見える江戸小紋《こもん》などは、表面の華美を「やつし」て、地味に見せています。今の私たちはそれを「粋《いき》」とひとくくりにしがちですが、「粋」の奥には「やつし」があるように思います。

ちょっと見ると素っ気ないのに、よく見ると上質の素材を使い、丁寧な仕上がりが渋いテイストを感じさせる小物。シンプルでも細部まで丁寧に作り込まれ、一度着たら手放せなくなる最高の着心地を味あわせてくれる服。

現代のファッションにも通じるこうした趣向が、上からの規制に対する民衆の知恵ある反発から生まれたというのは、大変興味深いことです。

歴史をひもとくまでもなく、どこの国でも為政者による文化弾圧や規制はあります。

当然それに対する一般大衆の反発や抗議もあります。それが失敗

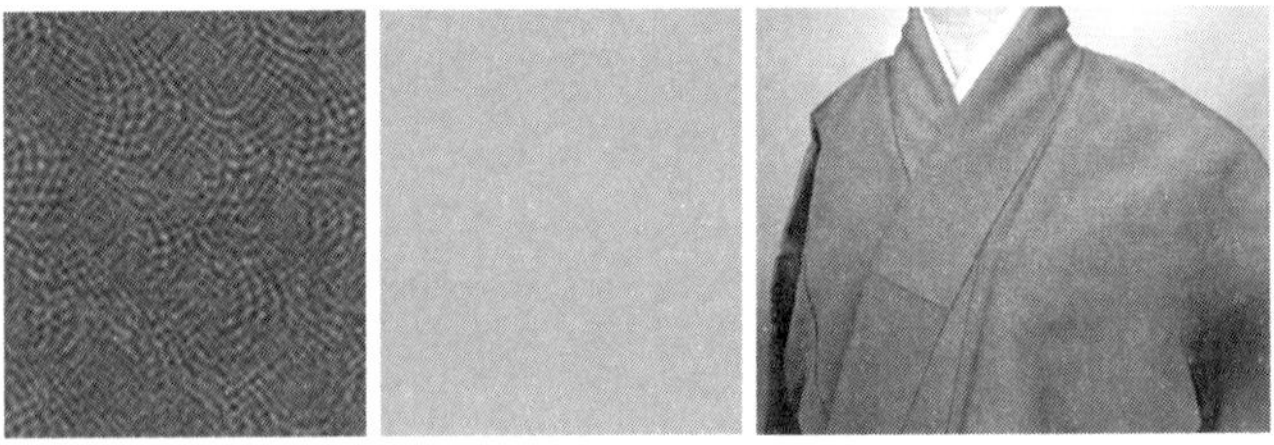

江戸小紋　遠くから見ると無地にしか見えない

に終わって滅亡した文化もあれば、そこから新たな文化が生まれた例もあります。

16世紀にイングランドに征服されたアイルランドでは、ゲール語を禁止されたばかりか、踊ることまで禁止されました。そこで当時のアイルランド人は、窓から見られた時に踊っていることが分からないように、足を踏み鳴らすステップだけのダンスを考えました。それが今日まで伝えられている有名な「アイリッシュダンス」です。「アイリッシュダンス」は、アイルランド移民によりアメリカに伝わり、「タップダンス」という新しいダンスを生み出し、今や世界中に広がっています。

日本の場合、華美の規制から逆に「やつし」という美意識を発達させました。

それは、反骨精神の発露を通り越して生活文化のすみずみにまで浸透し、いつの間にか通奏低音のように日本人の心の

ステップだけの「アイリッシュダンス」

奥底に響き渡るようになっています。

ある人が「うちの愚妻が」と話し始めたとします。「おお、君の奥さん、頭が悪いのか。そりゃ気の毒だね」と答える日本人はおそらくいないでしょう。どれほど才色兼備で自慢の奥さんであっても、夫は妻の素晴らしい資質を「やつし」て話すのです。聞くほうもそれを承知の上で受け答えをします。

「愚妻」「豚児」「つまらないものですが」「粗餐《そさん》」など、一般に「謙遜《けんそん》」と言われる表現は、それが本当は価値がある、素晴らしい物であることが認識上共有されていることが前提です。その共通認識があるからこそ、「謙遜」は奥ゆかしく、「卑下」とはまったく異なるのです。

最近は「愚妻」や「豚児」という表現に目くじらを立てる人もいるようですが（笑）、かつては当然のように共有されていた「やつし」という感性が、日本人の間でも共有されなくなってきたのかもしれません。

「やつし」は、かなりコアな日本的美意識であり、西洋的な美の基準では理解も評価もされにくいものです。ところが、ファッションの世界ではこの日本発の美意識「やつし」が、今や立派に市民権を有しているのです。

1982年、西洋のファッションの牙城パリ・コレクションで、ほとんど「事件」ともいえるファッションが登場しました。

虫食いのような穴だらけのニット。しかも色は黒。カラフルな布で女性の身体の美しさをさらに魅力的に見せる西洋のファッションを頭から否定するこの「ぼろルック」は、当時のファッション界に大きな衝撃を与えました。

仕掛け人はご存じ川《かわ》久《く》保《ぼ》玲《れい》。彼女の後にはヨウジ・ヤマモトなど、いわゆる日本人による「黒の衝撃」が、パリのファッション界を席巻しました。

「西洋の服への冒瀆《ぼうとく》だ！」
「西洋的エレガンスは死んだ！」
「いや、新しい美の提案だ！」
「もはやファッションではない、これは芸術だ！」

コム・デ・ギャルソン　80年代初期のセーター

「こびない女性へのオマージュだ!」

世界中のファッションジャーナリストが賛否両論を書き立て、国際世論は真っ二つに割れました。

「ゴージャス」とは対極のデザインを「モード」としてパリで発表した川久保玲は、しかし、西洋のファッションに反旗を翻《ひるがえ》したわけではありません。むしろ、日本人には自然であった「やつし」というコンセプトに基づいたデザインを投入することで西洋のファッションの枠を広げたのでした。その証拠に、やがて彼女の斬新なデザインは、他の外国人デザイナーにも影響を与えていったのです。

たとえば有名なヒップホップミュージシャン、カニエ・ウエストも愛用するクリスチャン・ディオールのデザイナー、ジョン・ガリアーノの前衛的な作品などは、川久保玲がいなかったら、けっして現れることがなかったことでしょう。

彼女は「やつし」という、西洋人が理解しがたい美意識を、西洋のファッションの文脈に根づかせようとしたのだと思います。「やつし」という美意識から生まれたファッションは、表面に表れない「本質」を見抜く審美眼がなければ存在しません。良質なものをあえてみすぼらしいまでに質素に「やつした」ものに出会った時、人は「やつし」の奥を見る目を試されます。まるで知的ゲームのように。

川久保玲の「穴あきファッション」の衝撃は、見た目だけではありません。人々に「衣装とは何か？」「纏《まと》うとは何か？」という根源的な問いを突き付け、ファッションに哲学を持ち込んだことにあります。

誰が見ても美しいドレスやスーツは世に溢れています。人々はその素材やデザイン、あるいは着こなしを話題にすることはあっても、「服とは、着るとは、どういうことか？」を考えることはなかったでしょう。けれども「やつし」の美意識でデザインされた衣装は違います。いやでも表面のスタイルの背後を感じ取る知性を必要とするのです。

「デザイナーはなぜ、ここに穴をあけたのだろう？」
「こんなボロ布を服と呼べるのだろうか？」
「では、いったい『服』とは何なのだろう？」

ファッションのメッカ、パリで西洋的ファッションの文脈にこれまでとは真逆のコンセプトを投げ入れ、定着させた川久保玲は、まさにファッション界の革命児と呼ぶにふさわしいデザイナーでしょう。

現在、穴あきファッションは珍しくもなんともありません。川久保玲以降、世界中のセレブたちが先端のファッションとして穴のあいたジーンズを穿《は》き、よれよれで切りっぱなしのシャツを着ています。セレブばかりか一般人も、それが「やつし」から生まれたファッションだ、などと意識もせずに、当たり前のように身に着けています。それだけ「やつしファッション」が世界中に受け入れられているのです。

禅に造詣《ぞうけい》の深かったスティーブ・ジョブズがいつも黒のTシャツを愛用していたのは有名な話ですが、私は彼が「やつし」の美意識を理解していたのではないかと思っています。プライベートジェット機を所有するほどの富豪が、アルマーニでもポール・スチュアートでもなく、シンプルな黒いシャツを纏うとき、人は「きっとジョブズなりのポリシーがあって着ているのだろう」と考えます。

そして黒いシャツの背後に彼の衣装哲学やライフスタイルを感じ取ろうとするのです。

纏う人と見る人のこの関係、これこそまさに「やつし」という美意識が共有された証《あか》しではないでしょうか！

日本の伝統的な美意識「やつし」は、今や誰もそれが「やつし」だと気づかないまま一般的で汎用性のある概念として、世界中に浸透しています。

私は、かつて九鬼周造《くきしゅうぞう》が『いきの構造』で、日本的な美意識である「いき」について哲学的考察をしたように、「やつし」についても深い論考がなされればいいのに、と思っています。そうすれば、「やつし」が日本という国のローカルな美意識ではなく、日本発の普遍的な「美学」として、改めて世界で認知されていくことでしょう。

鉄瓶、弁当箱、盆栽、あるいは電子機器など、最近でも日本製品は海外で人気のようです。でも、もはや「もの」で日本をアピールする時代ではなく、それらの背後にある「考え方」や「感性」「美意識」を発信することで日本の存在感を示す時代が来たのではないでしょうか。

「カスタマイズ」大国・日本

昔から日本はオリジナルなものがなく、「物まね」大国だと言われ、日本人自身もそのように自分たちを見ているのではないでしょうか。

歴史をひもとけば、確かに初めて国家らしい体制を整えた奈良時代、大宝律令も中国の官僚制度をコピーしたものです。衣装も、文字も、文物一切がよその国の借り物……と思いきや、実はそうでもありませんでした。形は借りても肝心のところは、ちゃっかり日本風にアレンジして使っているのです。

たとえば日本の律令制度をよく見ると、ある大事な部分が中国の制度とは違っています。

次ページの図の上が日本の律令制度、下が中国（隋・唐）の律令制度です。

どこが違うか、お分かりになりますか？ 中国の制度では皇帝が直接官僚制度を掌握しています。一方、日本の制度では、天皇と官僚制度の間に「太政官」と「神祇官」があり、官僚制度は太政官と直結しています。

これが何を意味しているかというと、中国では「皇帝は律令制度の中の1ポスト」という位置づけであるのに対し、日本では「天皇は律令制度に含まれず、その上に君臨している」ということになります。政治は太政官、のちには左大臣・右大臣が行い、天皇は直接政治には関わらないのです。

ですから中国で「政権を倒す」という時は、「制度の頂点にある皇帝」を廃位させるか死に追いやることになります。日本で「政権を倒す」という時は、「制度の頂点に立つ太政官」を廃することであり、制度に組み込まれていない天皇（制度を超越した存在）にはノータッチです。むしろ自分の政権奪取をオーソライズして

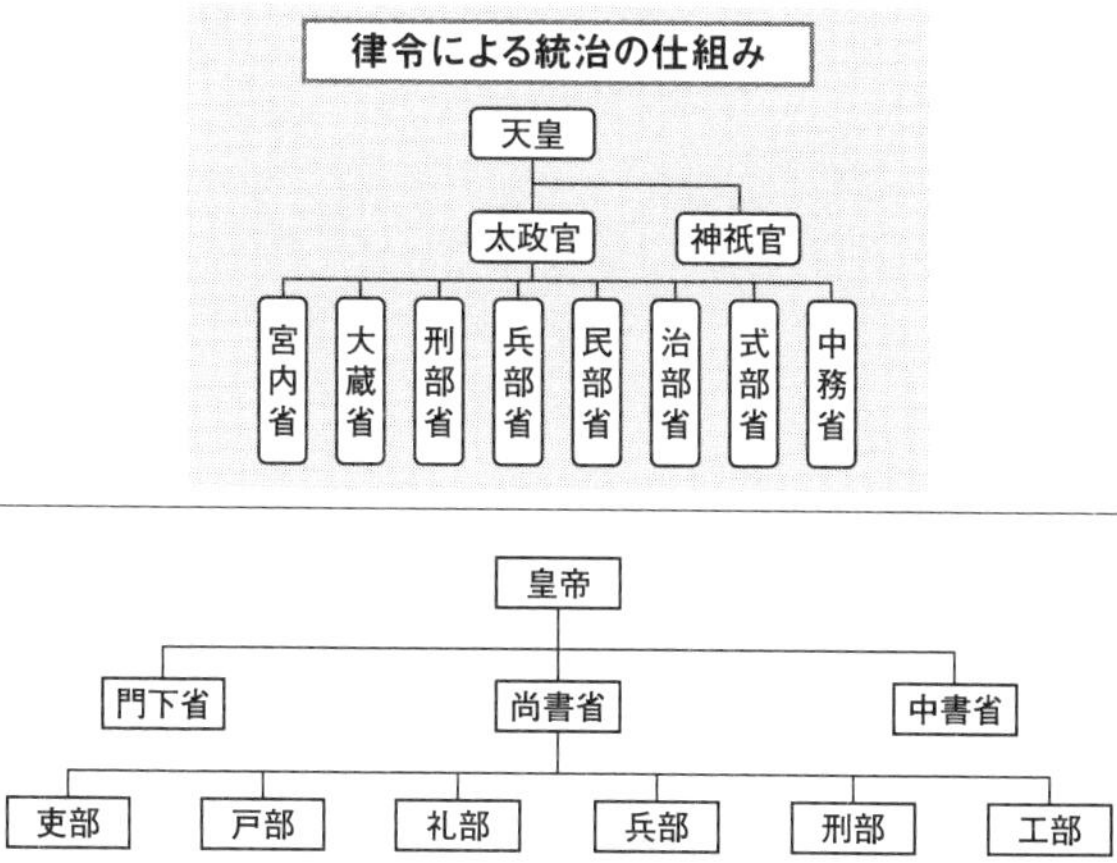

上が日本の律令制度、下が中国の律令制度

くれる存在が天皇なのです。

日本の天皇がジュリアス・シーザーや中国の歴代王朝の皇帝のような存在ではない、ということが分かります。どちらかといえば法王に近いかもしれません。そんな「天皇」と「皇帝」との違いを踏まえて、「律令制度」を日本風にカスタマイズした上で導入しているのです。

また、1911年に清が滅亡するまで3000年の長きにわたって中国に存在していた宦官《かんがん》も、日本は導入していません。なんでもかんでも真似しているわけではないのです。

松岡正剛さんは近著『日本文化の核心』（講談社刊）のなかで、稲作についても大変興味深いことを述べています。

古代中国の水稲栽培は、直播《じかまき》で天然の降雨に任せて稲を育てていました。

しかし、日本では種もみから「苗代《なわしろ》」というインキュベーターで稲の苗を育てます。そして苗が大きく育つと、そ

日本文化の核心
「ジャパン・スタイル」を読み解く
松岡正剛
この国の"深い魅力"は
本当に理解されて
いるのだろうか？
独自の方法論で
日本文化の
本質を見通す
「松岡日本論」の
集大成。
講談社現代新書

『日本文化の核心』 講談社新書

れを田に植え替えるのです。

直播のほうが手間がかかりません。それなのに日本ではひと手間かけて「苗代」という苗のインキュベートシステムを開発し、より丈夫な稲を手に入れ、効率よく収穫を増やしていったのです。素晴らしいカスタマイズです。


松岡さんは「稲作のプロセスに苗代を挟んだことは、日本の画期的なイノベーションでした」と結んでいます。事実「苗代」はその後の日本文化に大きく深い影響を与えています。

まず、「苗代」で種もみを育てることによって、稲の成長を管理できるようになりました。立春から数えて88日目に田植えをすると、だいたい何月ごろ収穫となる、という農作業のカレンダーが見えてき

苗代—日本の稲作に欠かせない種もみのインキュベーター

ます。生活のリズムもそれに合わせて決まってきます。こうして、「苗代」の導入という稲作のカスタマイズが、日本人の生活様式が形成されるきっかけとなったのでした。

柔軟な感性の持ち主である日本人は、昔から海外の文物を貪欲に取り入れ，カスタマイズして日常になじませていきます。「襦袢《じゅばん》」もそうですね。もとはポルトガル語のジバン、その前はアラビア語のジュッパといい、袖《そで》のない胴着のような衣装が、日本では袖が付き、伝統衣装の着物に欠かせない下着となりました。

現代でも、日本人はすでにあるものにひと手間かけて「自分仕様」にすることに長《た》けています。カスタムバイク、カスタムトラック、はては携帯のカスタム化まで、とどまるところを知りません。コロナ騒動でマスクが必需品となりましたが、さまざまな工夫を凝《こ》らしたマスクを見るにつけ、「ああ、これは日本人のDNAなのだな」と思わないではいられません。

ハーレーダヴィッドソンのカスタムバイク

「オリジナリティ」というと、まったく新しいものを創り出すことのように言われますが、オリジナルなものにアレンジを加えていく才能も、「もう一つのオリジナリティ」と言えないでしょうか？

あるものはそのひと手間のカスタマイズによってより使いやすくなり、あるものはさらにグレードアップしてオンリーワンとなる。それは確たる美意識やコンセプトがなければできないことです。

すでにものが溢れている現代では、新しいものを生み出すより、今あるもののカスタマイズこそが求められる才能なのではないでしょうか？

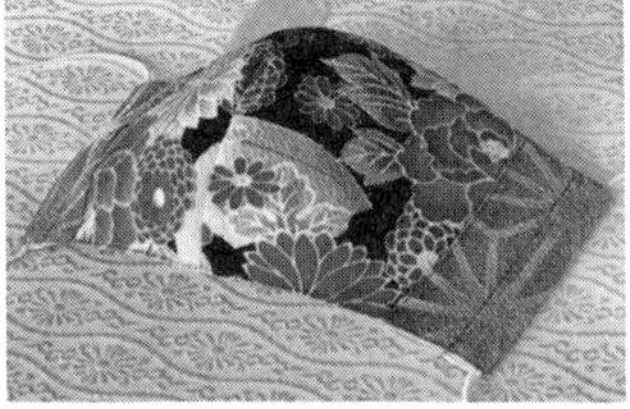

マスクさまざま　デニム生地のマスクと和装用のマスク

第二章

自然の発見

木の叡智《えいち》

この写真、何に見えますか？

東南アジアの熱帯雨林に自生するフタバガキの巨木に見られる、「クラウン・シャイネス」（恥ずかしがり屋の樹冠）と呼ばれる現象です。

同時期に育った隣り合う木々が50メートル以上に成長したときのみ、現れる現象だそうです。木々がお互いに譲り合いながら枝を伸ばして日光を分かち合っているのです。

まるで空が割れているような、不思議な光景ですね。

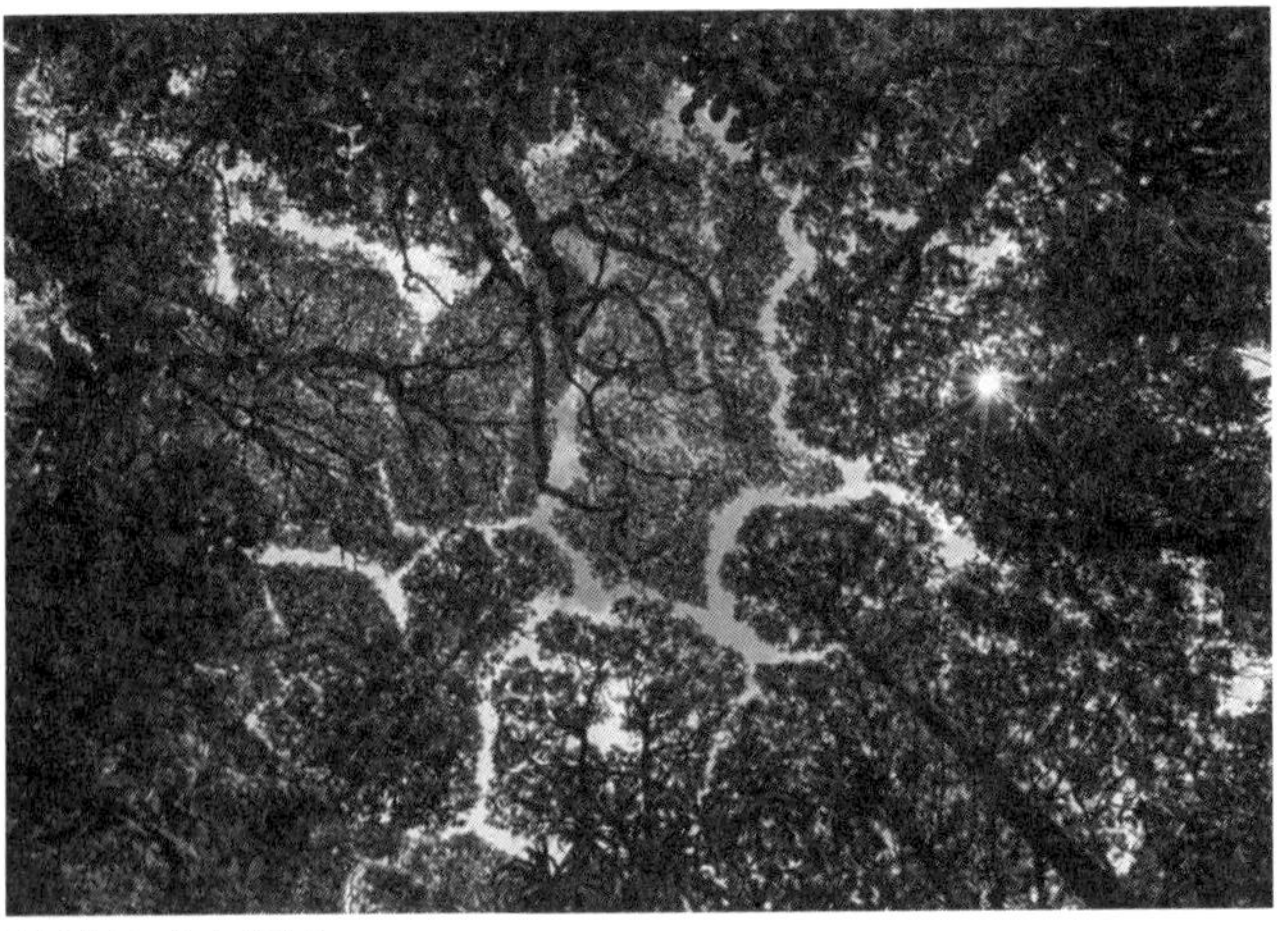

クラウン・シャイネス

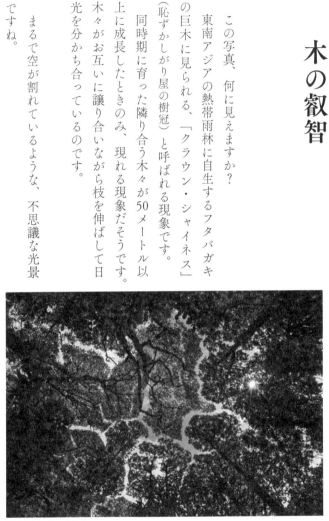

なぜ、このような現象が現れるのでしょうか？——それは木々がコミュニケーションを取り合って、枝の張り具合をお互いに調整しているからです。

これはおとぎ話でもスピリチュアルな仮説でもありません。カナダのブリティッシュコロンビア大学の森林科学教授のスザンヌ・シマード氏の30年にわたる森の研究から分かったことで、彼女はそれを2016年に発表しています。

彼女の実験結果によると、木々は土の中に菌のネットワークを張り巡らし、その菌を光ファイバーのように利用して情報を交換し合い、助け合っています。

その密度は驚くべきもので、ティースプーン1杯分の面積に数マイルものネットワークが作られているほどだそうです。このネットワークを介して、昆虫の襲来や干ばつなどの危険を仲間に知らせるのです。

また、ある苗木が炭素不足の時、その情報を発信すると、別の木が自分の炭素を送って補ってあげたりもします。

驚くべきことに、木にも家族意識があります。

1つの森のエリアには、必ず1本の「マザーツリー」があり、何百もの木々とつながっています。「マザーツリー」は、若い低木の成長のために、菌糸ネットワークを広げてたくさんの炭素を送り、同時にその木も根が伸ばせるようにスペースを作ってあげるのです。まさに「母性愛」ですね。

母木の近くにいる苗木の生存率は4倍に上がることが証明されています。また、ある実験で母木のそばに苗木を植えると、ちゃんと自分の子供と認識することも確認されています。

カナダ・マクマスター大学の植物進化生態学者スーザン・ディドリー氏の研究によれば、木々には兄弟を識別する能力もあるというのです。

同じ種類の植物を同じ場所にたくさん植える

森を育てるマザーツリー

と、それぞれの植物は根を伸ばし、貴重な水分と栄養分を少しでも多く取ろうとします。ただし同じ親から成長した植物の場合、互いの根に十分な成長空間ができるように、争うことなく平和的に譲り合うそうです。

中には緊密に根を絡め合い、夫婦のように一緒に死んでいく木もあります。病気の仲間がいれば、回復するまで栄養を送り続けることもあります。

光合成ができなくなった切り株でさえ、周囲の木々が根を絡めてつながり、栄養を送り続ける場合もあります。よく切り株のわきから「ひこばえ」が生《は》えていることがありますが、それはこの涙ぐましい仲間意識のなせる技《わざ》なのです。

けれども、どの切り株もそうなるわけではありません。大多数は腐敗して土にかえります。いったい何が切り株

ひこばえが、やがて大木に――

の「生死」を分けるのでしょうか？　それは、その切り株が1本の木だった時、周囲の木々とどういうコミュニケーションをしていたか、というそれまでの親密さの度合によって、仲間の木が「生かしてあげよう」と思った、ごく少数の切り株だけが生き続けるのです。まるで人間社会のようですね。

「マザーツリー」が傷つき、死にかける時も感動的です。自分の菌糸ネットワークを最大限に駆使して子供の木に炭素や防御信号などを送るのですが、それは単なる生命維持のためだけでなく、「マザーツリー」としての知恵を次世代を担《にな》う子供たちに伝えているのだそうです。

こうして見ると、森は単なる木の密集地ではなく、「木々の社会」であるということが分かります。そこには家族があり、コミュニティがあり、木々同士が会話を交わしながら情報交換をして互いに生き延びようとしている姿がうかがえます。

親子・家族・共同体の絆が、人間をはじめとする哺乳類だけではなく、移動することができない植物の世界にも存在していることに、神秘的な驚きすら感じませんか。

前述のスザンヌ氏は言います。

「森は、マザーツリーの存在とともに木々がお互いに交流しながら共同体ができています。それを知らずにマザーツリーが人間の手で伐採されると、森は元に戻れなくなります」

あらためて「木は社会的生命体」であると思わざるをえません。人間社会でも中心を失った組織が自壊していくように、森の中心「マザーツリー」の伐採が森全体を死に追いやってしまうのです。

「生命のいとなみ」という視点から見ると、動物であれ植物であれ、生命あるものは同じ原理を共有していることが分かります。子育て、兄弟愛、共同体内の同胞意識と情報共有——そ

岩手県八幡平市の安比高原のマザーツリーとブナの森

れを実践することが有機生命体が生きていくうえでの法則であり、叡智なのです。

だとしたら、日本における最近の児童虐待・育児放棄、陰湿ないじめは、同じ生命体として何と恥ずかしい行いでしょうか。

面白いことに、現代社会特有の陰湿ないじめや残酷な虐待が、木によって改善される可能性を窺《うかが》わせるデータがあります。


「木」による改善？

それはいったいどういうものでしょうか？　木造住宅産業のパンフレットに必ずと言っていいほど載っている、有名な研究結果があります。

それは、静岡大学農学部が行った「巣箱の材質

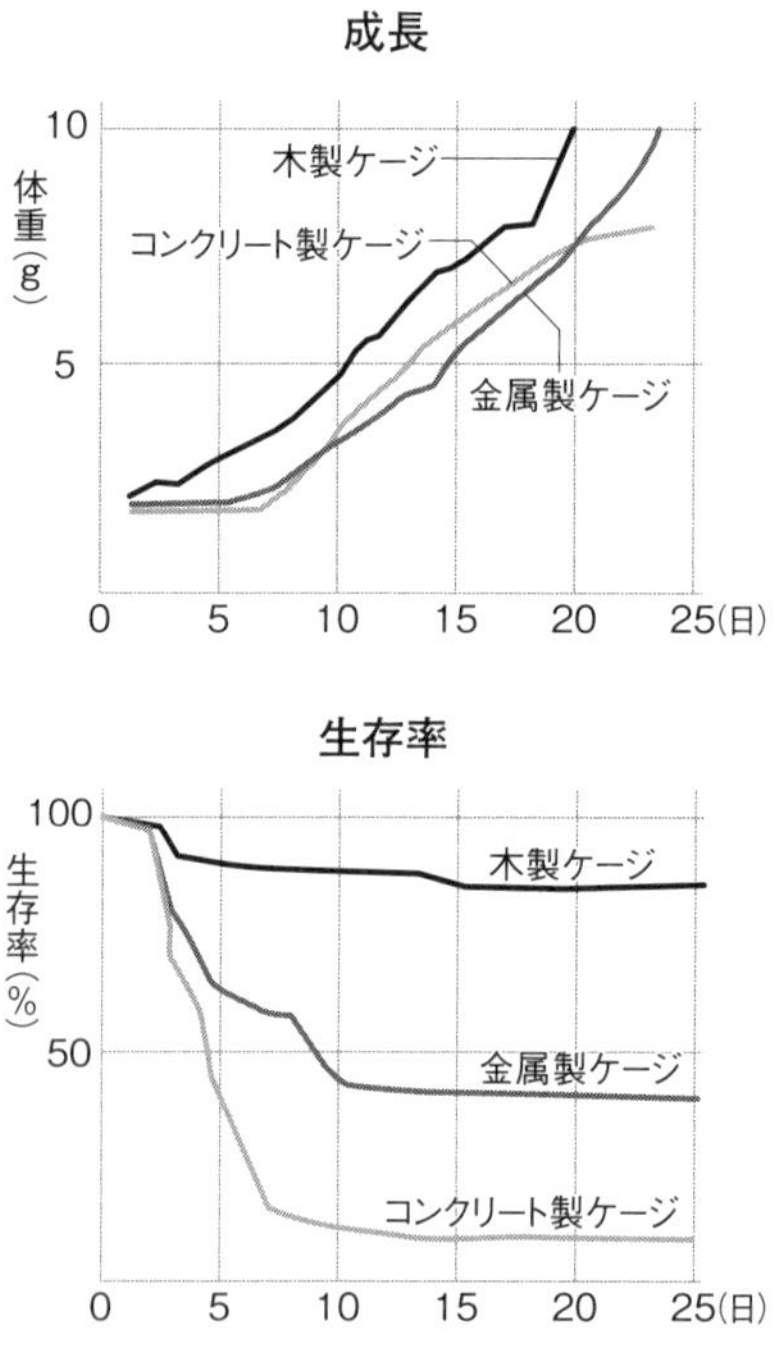

素材の異なるケージでのマウスの生存率と成長——静岡大学農学部・伊藤らによる

による「マウスの生存率の差」という論文です。コンクリート、金属、木（杉）の箱にネズミを入れてその生存率を計測したものです。

この実験を紹介している高岡恭平《たかおかきょうへい》氏（森林浴生活株式会社）のコラム（https://mbp-japan.com/hyogo/forestreform/column/）によると、マウスの生存率は、

① 木の箱 85・1％
② 金属の箱 41・0％
③ コンクリートの箱 6・9％

となっています。

木の箱のほうがダントツに長生きしていますね。

さらに、木の巣箱ではすべてのマウスが巣作りをしたのに対して、コンクリートと金属の巣箱では、巣作りを行わないマウスが見られました。また、コンクリートと金属の巣箱では、母マウスがストレスから育児放棄をしたり、弱った子マウスを食い殺したのに、木

の巣箱では普通に子育てをしていました。

子マウスにも違いが出ています。体重測定の際、木箱で育った子マウスは、おとなしく測定させましたが、金属やコンクリートの巣箱で育った子マウスは、暴れてなかなか体重測定ができませんでした。


自分のしっぽをやたらと噛み切るストレス行動（10日間）については、

① 木の箱　80回
② 金属の箱　230回
③ コンクリートの箱　290回

という結果が出ています。

ネズミと人間は違います。しかし私はこれらのデータを見た時、昨今の育児放棄、虐待、すぐ切れる子供、といった現代の社会現象も、鉄筋コンクリートの住環境が増えたこととあながち無関係とは言えないのではないか、と考えてしまいました。

木は生きています。

前述の高岡氏によると、木は樹齢の2倍の期間調湿効果が衰えないそうです。コンクリートは持って70年。年々劣化していきますが、生きている木は建材となっても200年、300年と年を経て強度が増していくのです。法隆寺の宮大工、西岡常一《にしおかつねかず》氏は「樹齢1000年の木で建てた建物は1000年持つ」と言っています。

45度cの低温で芯《しん》までじっくり乾燥させた木は、粘度を損《そこ》なわないのでしなやかなのに強度があり、防虫性もあります。古民家に移り住んだ夫婦の仲が良くなった話を聞いたことがあります。これも生きている木が持つバイブレーションが、住む人に好影響を与えることは想像に難《かた》くありません。

昔の学校はほとんどが木造校舎でした。校庭には桜や銀杏《いちょう》の木が植えられ、季節の移り変わりも、時代の風潮もあったかもしれません。当時は感じ取ることもできました。今のように友人を自殺に追い込むほど陰湿で悪意に満ちた「いじめ」はなかったように思いま

茨城県大子町　旧上岡小学校

木造小学校の内部　昔はどこもこんな感じでした

現代の校舎：左　中学校、右　小学校

す。鉄筋コンクリートの軀体《くたい》にケミカルな素材の壁材、塗装合板など、「生きている木」ではない材料で建てられた現代の校舎の増加と「いじめ」の増加。けっして無関係とは言えないのではないでしょうか？

そう考えると、住環境の中に少しでも木を取り入れることで、人々の気持ちにも変化が出てくるのではないでしょうか？

最近、毎日のように分譲高級マンションのチラシが新聞に挟まれています。もちろん軀体は鉄骨とコンクリートで、ハイテクな機器の装備が売り物のようです。私が住むとしたら、そういう「高級マンション」より、調湿機能がある木をふんだんに使った「呼吸マンション」がいいですね（笑）。

まあ、現代では無理でしょうけど。

息、生き生きと

音楽がデジタル化して久しくなり、今はさらにボーカロイド（略してボカロ）が大きな市場を形成しています。

ボカロとは、2003年にヤマハが開発した音声合成技術で、サンプリングされた人の声を元にして歌声を合成したものです。声に合わせたキャラクターも大勢誕生し、初音ミクやGUMIなど、生身の人間並みかそれ以上に人気を博しているキャラクターもいます。

私がボカロに関心を持ったのは、2014年の「佐世保女子高生殺害事件」がきっかけでした。被害者と加害者の共通の趣味としてボカロが挙《あ》げられていたのです。ともにGUMIというボカロのファンだった二人の間にはトラブルらしいものはなかったといいます。

陰惨な事件とボカロがどうしても結びつかず、「ボカロには、人の心にネガティブな影響を与える何かがあるのだろうか」と漠然と考えながら、YouTubeの動画を見ていた時、人間の声とボカロとの決定的な違いにハタと気がついたのです。

「ボカロには息継ぎがない！」

機械で合成された音声ですから、「休止」はあっても「息継ぎ」がないのは当たり前です。何を今さら、と思われるかもしれませんが、同じ歌でも、人間のボーカルとボカロでは、聴く人に与える影響が根本的に違うのです。

少しでも歌を習った人ならご存じでしょうけれど、歌にとって「息継ぎ」はとても大事な要素です。声を出す、というより、吐く息に自然と声が乗るようになるのは意外に大変で、腹式呼吸をきちんとできていなければいけません。

ＣＤでさえ、録音された歌には歌い手の息遣いが感じられ、実際に息を吸う音が入っている場合もあります。

けれども、ロボットであるボカロは息をしません。ボカロの歌は「機械の音」であって、「人間の歌」ではないのです。機械音ばかりを聴いているうちに、人の気持ちを思いやれない、共感性に乏しい人間に育っていくことは十分に考えられることではないでしょうか。

佐世保の事件の当事者たちも、ボカロではなく人間の歌手のファンだったら、こんな悲惨な事件にならなかったのではないか、とさえ思ってしまいます。

どんな生命体でも、「呼吸」をしています。人間は酸素を吸って炭酸ガスを吐き出しますが、植物は光合成で炭酸ガスを吸って酸素を排出します。呼吸は、生きている証《あかし》なのです。

しかし、デジタル世界のボカロには呼吸はありません。どこにも「息遣い」がないのです。「息をしていない」＝「生きていない」のです。どれほど名曲であろうと、ボカロは「声」ではなく、「機械音」にすぎないのです。そこに生命はありません。この決定的な違いは、ボカロだけでなく、バーチャルな世界全体に言えることではないでしょうか。

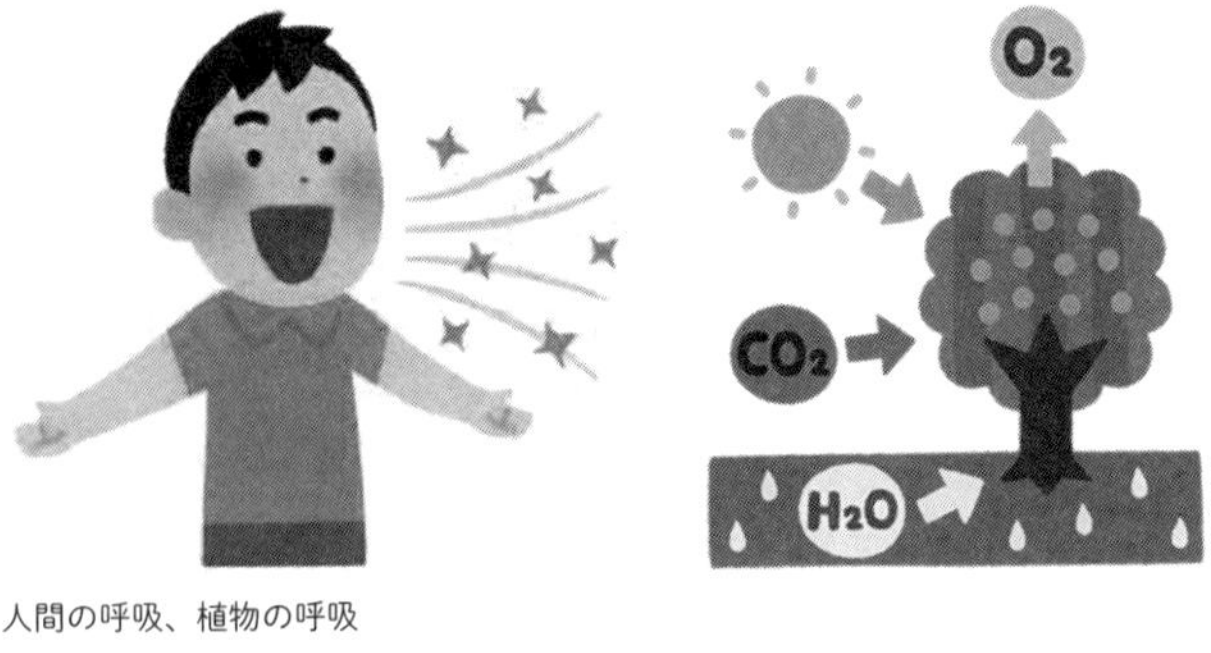

人間の呼吸、植物の呼吸

ボカロは機械による合成音なので、幼い少女の音程のブレまでそれらしく再現できてしまいます。その音声に可愛らしいキャラクターがつけられ、2次元だけでなく、3次元映像でも「体験」できるようになれば、バーチャルと現実の境が曖昧《あいまい》になっていくのは時間の問題でしょう。実際、ホログラム（レーザーを使っての立体画像）の初音ミクに恋をして、結婚式まで挙げた方もいます。

ボカロを知ることで、人間が自らバーチャルの世界の住人になってしまったのです。毎朝優しい言葉で起こしてくれるホログラムの妻は、きっと従順で、夫の思い通りになる女性（？）でしょう。でも、生身の人間はそうはいきません。たまには喧嘩もするでしょうし、顔も見たくない日もあるかもしれません。そのつど感情をぶつけていては、結婚生活はすぐ破綻《はたん》してしまいます。私たちは、そこで感情のコントロールを学び合っていくのです。

デジタルな世界では、負けそうなゲームでも電源を切れば、たちどころにリセットできます。息のない世界、すなわち生命のない世界に慣れてしまうと、生身の人間にもそういう感覚で向かうようになるでしょう。しかし、リアルな世界ではそう簡単にはリセットできません。悪意ある言葉はいつまでも心に残り、陰湿ないじめは一晩寝たくらいでは簡単にリセットされるわけではないのです。

子供たちの主な遊びが外遊びからゲームに変わっていくのに呼応するかのように、陰湿ないじめも増えています。

まるで「息の通わない」世界が、生きて息するリアルな世界を征服したかのようですね。大人も子供も、匿名の誹謗中傷に傷つき、中には自ら命を絶ってしまう人もいます。

もう一度考え直してみませんか。

私たちは一刻も息しないで生きていくことはできません。生きることは「息する」ことなのです。し

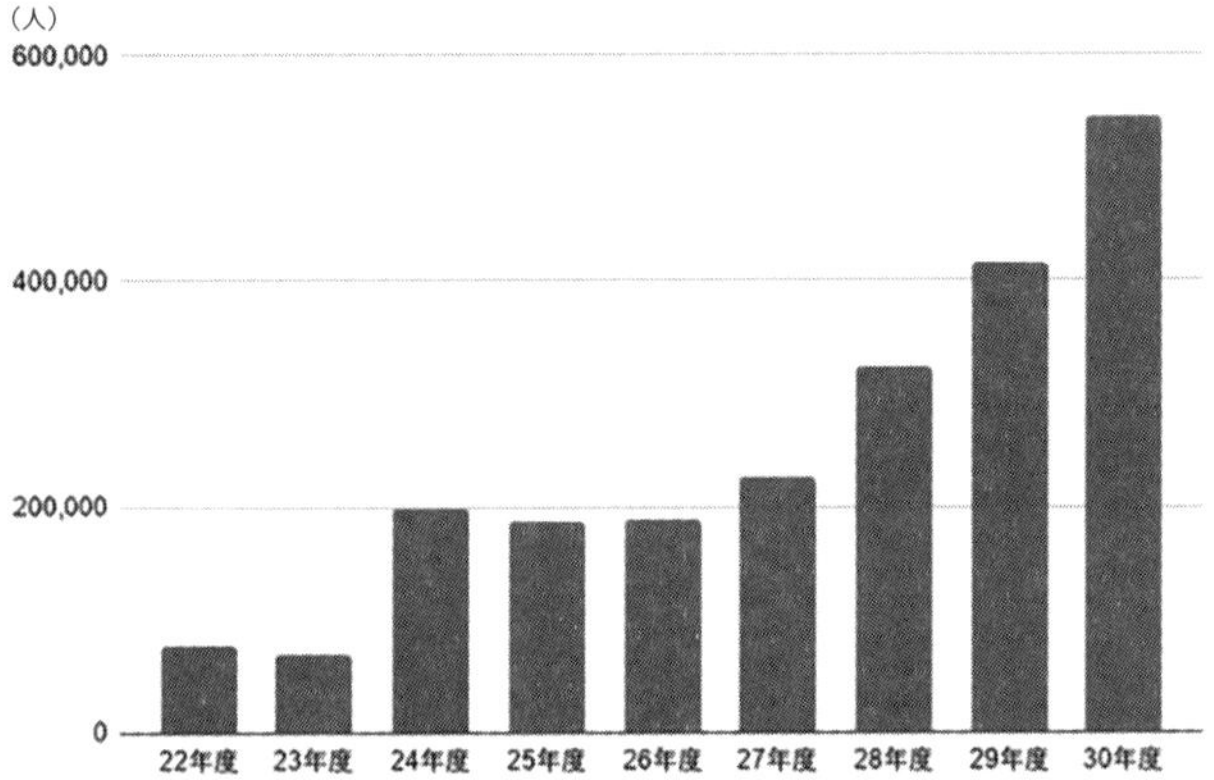

ネットいじめの増加グラフ　一般社団法人ネット削除協会

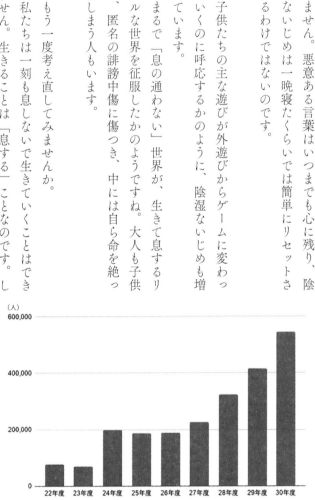

かも、「息」は今しかできないのです。過去を呼吸することも、未来を呼吸することもできません。今、この時を呼吸することしかできないのです。

誰かが過去のあなたをあれこれ言ったとしても、「その時のあなた」はもう存在していません。ゼロに何を掛けてもゼロであるように、すでに存在しない自分のことを悪く言われても、現在のあなたはびくともしないはずです。もし過去のことを言われて傷つくとしたら、それはあなたがリアルとバーチャルの境目を曖昧にしている、ということなのです。

ふたたびボカロの話に戻りますと、「音」でしかないボカロは、「言霊《ことだま》」が響きません。「音」としてのバイブレーションはあっても、呼吸＝息によって再現される母音の響きがないのです。

言霊は「母音」を響かせることで生まれます。k,n,m,t,q, といった子音には響きがありませんが、a,o,u,e,i, という母音と結びつくことによって、kaやnoなどという響きのある音になります。

ちなみに言霊学ではa,o,u,e,i, は母音ですが、k,n,m,t,q, という（英語では子音と呼ばれる）音を「父音《ふいん》」といい、二つが結びついて生まれるkaやnoなどを「子音」と呼びます。

日本語では、音も宇宙万物と同じように父と母の結びつきによって子が生まれると考えるのです。

皆さんは宮中の歌会始の中継をご覧になったことがありますか?

まず、講師という役目の人が、一字一句を正確に詠み上げます。続いて講頌《こうしょう》と呼ばれる4人が節を付けてゆっくり唱和します。

例えば、「海」なら「う〜み〜」というように、母音を長く響かせるのです。ですから一首詠み上げるのにとても時間がかかります。

なぜそんな詠み上げ方をするのでしょう?——「言霊」を響かせるためです。ではなぜ「言霊」を響かせるのでしょう?——それは、日本語が単なる意思疎通のための記号言語ではなく、宇宙に遍在する「エネルギー」を交換するための手段だからです。

つまり、良いエネルギーを与え合うことでお互いが元気に、幸せになっていくための手段が日本語という言語なのです。そういう意味では「祝詞」は言霊の塊であり、日本語の最高形態だと言えましょう。

日本語の表現は曖昧で非論理的だ、と西欧語と比較してよく言われます。でも私に言わせれば、「そんなことは当たり前」です。たとえば「おはよう」という挨拶一つ取ってもそうです。それは「朝早いですね」というメッセージではなく、相手に良いエネルギーを送る手段として挨拶というスタイルを取っているだけなのです。「いただきます」という言葉も、目の前の食べ物に良いエネルギーを振りかけているのです。けっして、何かの意味を論理的に伝えようとしているわけではありません。

良いエネルギーをやり取りするための手段。それが日本語という言語であり、言語は言霊であり、言霊は母音によって響くのです。そして母音を響かせるためには、しっかり呼吸をして息を吐かなくてはなりません。ボカロでは言霊は響かないのです。

「いただきます」は食べ物を祝福する言葉

劇団四季では、「言葉を母音だけで発音する」という訓練があります。「おはようございます」なら「おあおうおあいあう」と、声に出していうのです。ちょっとやってみると分かる通り、母音だけの発音は、腹から息を吐き、しっかり口を開け、滑舌《かつぜつ》に気をつけないと伝わりません。

こうして劇団員は言霊が響き渡る台詞《せりふ》が言えるようにみっちりと仕込まれます。日本語の本質は言霊であることを知り抜いた、浅利慶太《あさりけいた》さんならではの優れた俳優育成法だと思います（この発声練習の発祥については諸説あります）。

言霊は、音声レベルだけでなく、文字のレベルでも重要視されます。ゴミ箱を「護美箱」、「親不孝通り」を「親富幸通り」（博多にあります）と書いたり、ネガティブな意味を打ち消すような漢字を使ったりします。また、「終わり」を「お開き」、「するめ」を「あたりめ」と、真逆の言葉で言い換えたりします。

バーチャルな世界でのやり取りが盛んな現代社会の交流には「機械音」はあっても、言霊が響く肉声がありません。SNSでのいじめや炎上なども、もし言霊が響く肉声だったら、そこまでひどいことにはならなかっただろうと思います。

歌でも、音読でも、なんでもかまいません。幸あれと願う言霊が響く日本語を、生活の中に取り戻そうではありませんか。これこそが、誰でもが気軽にできる本当の意味での平和運動だと思います。

「からだの叡智」を活かす知恵

子どもたちが幼稚園に通っている頃、どの子にも必ずしていたことがあります。その名は「愛情ガソリン」（笑）。要するにハグのことです。どんなに機嫌よさそうに帰ってきた子でも、帰宅直後の身体は固く、肌は冷たいのです。嫌なことがあった日は、なおさらでした。

子どもが玄関に入るとすぐ私は廊下の端に座り、ギュー ッと抱き締めます。腕の中の子どもは、はじめは頬も冷たく、身体全体が固くなっています。私は目をつぶり、「○○ちゃん、大好きよ。いい子ねぇ……」とささやいて、じっとしているだけ。10秒、20秒、30秒……。

しばらくすると、腕の中で子どもの身体が急に温かくなり、同時にクタっと柔らかくなるのです。すると、最初は腕の中でジーっとしていた子どもは、もぞもぞ動き出し、目をキラキラさせて「あのね、折り紙上手、って、先生にほめられたよ！」「今日のおやつはなぁに？」「お着換えしてくるね！」などと言いながら、私の腕を振りほどいて子供部屋に駆け込んでいくのでした。

私は、ただハグして冷たい身体を温めてあげただけ。でも、身体が温まると同時に子どもたちはバネのように弾む身体と心を取り戻し、親の腕の中から飛び出していったのです。外界と自分とを分かつ境界である皮膚が、精神とリンクしているのはよく知られたことです。それでも皮膚への刺激は私たちが思っている以上に、人間にとって大切なようです。

皮膚は、実はとても賢いのです。

資生堂リサーチセンター主幹研究員で小説家の傳田《でんだ》光洋《みつひろ》さんは『驚きの皮膚』（講談社刊）の中で、皮膚には音を感知する能力もあると言っています。

私たちがトランス状態になるような音楽には、CDではカットされる10万ヘルツ以上の高周波が含まれてい

『驚きの皮膚』傳田光洋著
講談社刊

ます。そういう音楽を、音を通さない物質で首から下の皮膚を覆《おお》って聴かせたところ、トランス状態は起きなかったそうです。つまり、高周波は耳ではなく、皮膚で受容されているのです。

また、表皮を形成するケラチノサイトは赤い光と青い光に細胞レベルで異なった反応をして色を識別し、味覚、嗅覚に似た反応さえもすると言うのです。

なぜ皮膚はそんなに賢いのでしょう？

それは、受精卵が分裂するとき、皮膚の表面になる表皮は、脳や脊髄《せきずい》など神経系とともに外胚葉《がいはいよう》から作られることに関係しています。もともと皮膚と脳は同じ外胚葉だったので、脳と同じような反応をしても何の不思議はありません。

皮膚を刺激することが脳の活性化につながることも、お分かりになると思います。

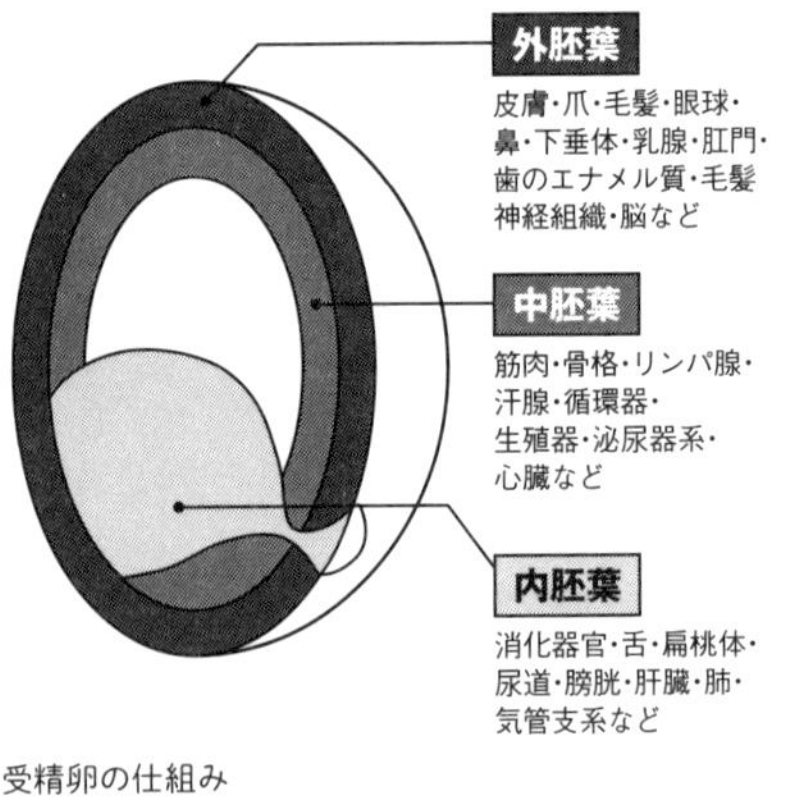

受精卵の仕組み

郵便はがき

料金受取人払郵便

牛込局承認

9026

差出有効期間
2025年8月
19日まで
切手はいりません

162-8790

東京都新宿区矢来町114番地
神楽坂高橋ビル5F

株式会社ビジネス社

愛読者係 行

ご住所 〒 TEL:　　(　　)　　FAX:　　(　　)		
フリガナ お名前	年齢	性別 男・女
ご職業	メールアドレスまたはFAX メールまたはFAXによる新刊案内をご希望の方は、ご記入下さい。	
お買い上げ日・書店名 年　月　日　市区町村　書店		

ご購読ありがとうございました。今後の出版企画の参考に
致したいと存じますので、ぜひご意見をお聞かせください。

書籍名

お買い求めの動機

1　書店で見て　　2　新聞広告（紙名　　　　　　　　　　）

3　書評・新刊紹介（掲載紙名　　　　　　　　　　）

4　知人・同僚のすすめ　　5　上司、先生のすすめ　　6　その他

本書の装幀（カバー），デザインなどに関するご感想

1　洒落ていた　　2　めだっていた　　3　タイトルがよい

4　まあまあ　　5　よくない　　6　その他(　　　　　　　　　　)

本書の定価についてご意見をお聞かせください

1　高い　　2　安い　　3　手ごろ　　4　その他(　　　　　　　　　　)

本書についてご意見をお聞かせください

どんな出版をご希望ですか（著者、テーマなど）

「幸せホルモン」と呼ばれるオキシトシンも、これまで脳が合成し、放出すると考えられてきましたが、何と表皮でも合成されていることが、最近の研究で分かってきたそうです。

そう考えると、抱っこ、おんぶ、添い寝、お父さんやお母さんと一緒にお風呂に入る、といった日本の家庭で当たり前に行われているスキンシップが、いかに脳を活性化させる行為であるかが分かりますね。こんなにも子どもとの「肌のふれあい」の多い国はそうそうないと思います。

幕末に日本を訪れた外国人が一様に驚くのは、日本の社会が「子どもの楽園」であったことです。渡辺《わたなべ》京《きょう》二《じ》氏の『逝きし世の面影』（平凡社刊）を読むと、彼らの驚きと感嘆が伝わってきます。

「私は日本は子供の天国であることを繰り返さざるを得ない。世界中で日本ほど、子どもが親切に取り扱われ、そして子どものために深い注意が払われる国はない。ニコニコしているところから判断すると、子どもたちは朝から晩ま

渡辺京二著『逝きし世の面影』平凡社刊

で幸福であるらしい」（モース）（p390）

だっこやおんぶなどの伝統的な日本式スキンシップのおかげで、皮膚を通して脳が活性化され、加えて表皮で合成されるオキシトシンが豊富に放出されていたため、当時の子供たちは無邪気で、明るく陽気で、賢く、いつも楽しそうにしていたのでしょう。

現代の脳科学でようやく解明されてきた皮膚と心の関係を、すでに昔の日本人は知っていたのです。それだけではありません。何気ない習慣としてそれが日常生活の中に組み込まれていたのです。「しあわせの『コツ』」を知り抜いていたとしか言いようがありません。

日常生活の中に組み込まれた「しあわせの『コツ』」ということでいえば、「お辞儀」もその一つです。「正しいお辞儀」は身体の潜在力を引き出すはたらきがあるの

浮世絵に見る子供の遊び　生き生きと遊ぶ子供の姿が活写されている

です。

「正しいお辞儀」とは、足をそろえて立ち、手は身体の横に真っすぐに伸ばして指は揃えます。首と背中を真っ直ぐにし、ゆっくりと上半身を起こします。おしりを後ろに引く形で、約45度の角度で礼をします。この時、首だけを前に出したり、背中を丸めないようにします。

小笠原流では、上体を倒す動きのまま手が自然と前に出、正面から見て「八の字」にすると教えています。ただし身体の潜在力を引き出す「お辞儀」では、手は身体の横につけたままにします。ちょうど手の指が当たる場所に「伏《ふく》兎《と》」という腰や股関節のツボがあるので、そこに指が触れるようにします。

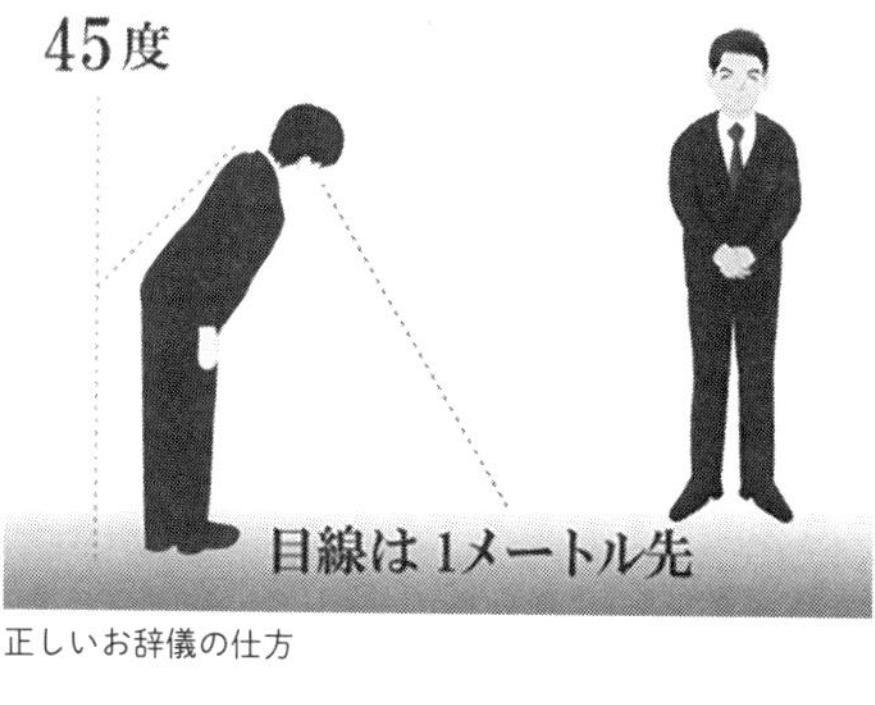

正しいお辞儀の仕方

このお辞儀では、頸椎《けいつい》・胸椎・仙骨が一本の線となり、エネルギーの通りがよくなります。そうすると、自分のエネルギーが相手にも伝わりやすくなり、円滑なコミュニケーションがとりやすくなります。正しいお辞儀によって、相手と調和するエネルギーが生まれるのです。首だけが下に向いた状態では、エネルギーが伝わらないどころか、逆に自分のエネルギーを弱くしてしまいます。

気落ちした時に、私たちはうなだれた姿勢を取ります。しかし首を前に曲げると心身のエネルギーが低下するのです。日本人は昔からそのことを知っていたのでしょうか。食事の時ですら首を曲げることを嫌いました。今でも私たちは、お茶碗を持ってご飯を食べます。それは首を曲げて頸椎がずれるのを避けるからなのです。

脳に一番近い頸椎は、カイロプラクティックでも重要視され、創始者D・D・パーマーの息子であるB・J・パーマーは、頸椎の1番2番を整えることが、自然治癒力を引き出す効果が高いことを発見しました。

頸椎は生命維持を司《つかさど》る脳幹の一部である延髄《えんずい》が入り込んでいます。頸椎がずれていると、脳からの命令が100のうち70や60、あるいはそれ以下に減ってしまうのです。そうなると、本来の生体機能を100%発揮できなくなり、心身のトラブルの元となります。

カイロプラクティックで頸椎の重要性が発見されるよりはるか昔から、日本人は姿勢を正して頸椎にずれが生じないようにと、知らずに躾《しつ》けられてきました。「お辞儀」は飛鳥時代に中国の礼法を取り入れたのが始まりとされています。気がつくと電話しながら見えない相手に自然とお辞儀をしたりする日本人は、発祥の地以上に「お辞儀文化」を極めていると言えましょう。

「お辞儀」は、単なるマナーではありません。私たちの身体を正しく使うことで自然治癒力を高め、心身の健康を維持すると同時に、相手と和してゆくための行為でもあるのです。

日本の生活文化や風習を調べると、平易な事柄の中に深い叡智が隠されていて、思わず感動することがあります。子供とのスキンシップ然《しか》り、「お辞儀」然り。最近は携帯電話のせいで、首を前傾させている人が多いですが、延髄に負担を掛けるので、先人の叡智に思いを馳《は》せ、頸椎に負担のかかる姿勢は避けたいものです。

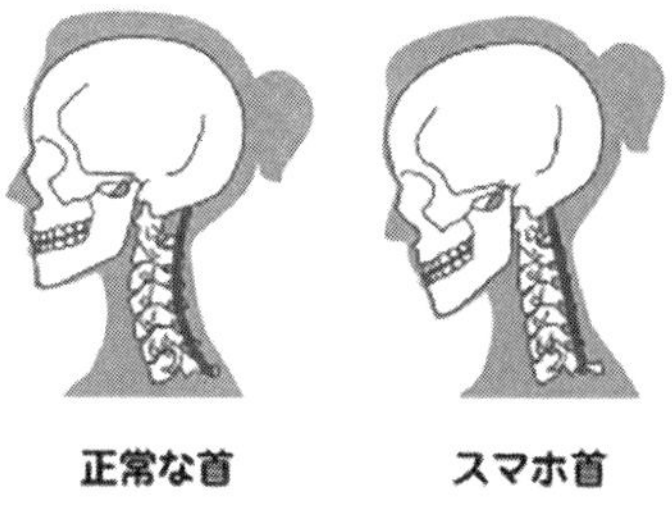

正常な首と、前傾のし過ぎで頸椎の自然な湾曲が取れた「スマホ首」

女性は胆力

一時期、「おバカタレント」というキャラで、若い女性タレントがバラエティ番組を賑わせていました。そんな彼女たちがおバカキャラを「卒業」した後の生き方を見ると、「おバカ」どころか、実は賢くて肚《はら》が座った女性であることがほとんどでした。

里田《さとだ》まいさんは『里田まいのおバカ伝説』（竹書房刊）という本もあるくらい、「おバカ」を売り物にしていましたが、元メジャーリーガーの田中将大《たなかまさひろ》選手と結婚してからは違いました。フードマイスターの資格を取った料理の腕前はプロ級で、田中選手に感謝されているそうです。

メジャーリーグで田中選手があれほど活躍できたのは、料理だけでなく、まいさんの物心両面でのサポートが大きいのでしょう。結婚してからの田中選手の安らぎにみちた

「里田まいのおバカ伝説」
竹書房刊

落ち着きは、伴侶の力がいかに大きいかを物語っています。結婚後は芸能界から一切身を引き、迷わず内助の功に徹しているまいさんの行動には、聡明さだけでなく、女性としての胆力さえ感じてしまいます。

「胆力」——物事に対して尻込みせず、積極的に関わっていく気力や度胸、根性。それでいて深刻にならずに明るく柔軟で、ぶれることがない芯《しん》を心の中に打ち立てている状態のことです。

実はこの胆力は、男性よりも、女性に強く備わっているように思います。男性は、いざとなると意外に脆《もろ》く、急に腰砕けになってしまう場合があります。しかし女性はいったん肚《はら》を決めたら、図々しいほど強くなります。

私たちは長い間「女性は弱いもの」という洗脳を受けてきました。ただ、少し視点を変えてみると、どうしてどうして、男性も太刀打《たちう》ちできないほどの胆力を備えた「女傑」と言われる女性たちがたくさん目に入ってきます。

とりわけ九州にはなぜか「女傑」が多く、『花と龍』の作者火野葦平《ひのあしへい》さんの母、玉井マンさんをはじめ、歌にまで歌われた女侠客の西村ノブさん、園田直《そのだすなお》元外務大臣の夫人で、日本初の女性国会議員だった園田天光光《てんこうこう》さんなど、枚挙にいとまがありません。

「どてら婆さん」と呼ばれた西村ノブさんは、『花と龍』では悪役として登場しますが、実物は人情味のある太っ腹の女丈夫だったようです。夏冬通して薄いどてらを着込み、日本髪を結い、出かけるときはいつも駒下駄を履いて必ず若い衆を二、三人連れて歩く、粋な女性だったそうです。

筑豊炭田から若松港に鉄道が敷かれる際、彼女は敷設工事に協力し、「川筋者《かわすじもの》」*と言われた荒くれ労働者を仕切り、筑豊興業鉄道（現JR筑豊本線）の開通に大きく寄与しました。その功績で、当時の鉄道院総裁から表彰を受けています。

畠山《はたけやま》みどりさんの「女侠《じょきょう》一代」はノブさんのことを歌っています。

「やってやれない　事はない　人は一代、
人は一代、名は末代さぁ……」

という、肚にずんと響くイントロです。

川筋者を束ねて鉄道敷設工事に従事させたのですから、西村ノブさんはたいそう肚の座った女性だったのでしょう。

現代でも、まさに「女傑」という呼び名にふさわしい女性がいます。

享保3年（1718年）創業の京都の料亭「ちもと」の女将《おかみ》、潤田貞子《うるたさだこ》さんは宮崎駿《みやざきはやお》監督の『千と千尋の神隠し』に出てくる「湯婆婆《ゆばあば》」のモデルにもなった方です。

写真を拝見すると、高く結い上げた髪型と落ち着き払ったたたずまいが、なんとなく「湯婆婆」を彷彿《ほうふつ》とさせます。もともと貞子女将は京大工学部建築学科卒業で、日本文化の造詣も深く、大変な教養人です。とにかく話題が豊富な上に話術が巧《たく》みで、どんな人とでも限りなく面白い話題をつなぐことができ、お客さん方はみな虜《とりこ》になってしまうそうです。

京都は鴨川のほとりにある、何とも言えないレトロなたたずまいの木造3階建。それが、潤田貞子さんが女将をしている料亭「ちもと」です。皇室と同じ雛飾りを所有する伝統と格式のある高級料亭です。海外の要人が来れば、政府から「ちもとへご案内しろ」と指名されるほどの名店です。

潤田さんにある数々のエピソードのうち、ひとつ痛快なエピソードをご紹介しましょう。

まだロシアがソ連だった頃、グロムイコ外相の一団が来日しました。政府から一行を「ちもと」で接待するようにとの指示があり、政府要人たちが外相一行を「ちもと」に案内しました。「ちもと」の行き届いたサービスと女将の接客にたいそう喜んで、上機嫌になったグロムイコ外相は、帰り際に女将にこう言ったのです。

「なんでもあげるから言いなさい」

女将は少し考えてこう答えました。

「それでは北方四島！」

一座はシーンと静まり返りました。

政府要人たちはさぞ冷や汗をかいたことでしょう。下手をすれば外交問題になりかねません。どこをどうしたか、結局グロムイコ外相は北方四島の代わりに（笑）CD1枚を彼女に渡してお茶を濁《にご》したそうです。

鴨川に面する「ちもと」。なんとなく「千と千尋」に出てくる湯屋に似ていませんか

女将曰く、「あいつはダメなやつだ。CD1枚で誤魔化《ごまか》した」

なんという胆力でしょう。こういう場では、冗談でも男性ならけっして言えない言葉です。

「欲しいもの」と言われて、とっさに「北方四島」が出てくるのは、日頃から国際政治や日本の置かれた状況をきちんと把握しているからにほかなりません。しかも、知識だけではなく、相手に応じてスパイスの効かせ具合を加減していることが分かります。

こうした胆力ある「女傑」を知るにつけ、私は、彼女たちがある意味でこれからの女性の在り方を先取りしているように感じました。それは、まず第一に、みな自分に自信を持っていることが挙げられます。だから物怖《ものお》じしない。物怖じしないから肚が座っています。そして、聡明な頭と機転と努力。

彼女たちは女性としてのやさしさや細やかな気遣いを持ちながら、「胆力」という、どちらかと言えば男性的なエネル

究極の「陰陽の統合」、太極図。陰は陽をはらみ、陽は陰をはらむ

ギーを心の中でたぎらせています。内側で男性性と女性性が対等に混ざり合い、いわば「陰陽の統合」がなされているのです。

「女性の解放」とは、女性が男性と同じように活動することではありません。男性の身体にも女性ホルモンがあり、女性の身体にも男性ホルモンがあるように、男女それぞれが自分の中に眠る違う性のエネルギーを覚醒させ、よりバランスの取れた人間になることで、女性だけでなく、男性をも「解放」することにつながるのではないでしょうか。

「おやじ飲み」などという言い方があるように、よく「女性が男性化した」と言われますけれども、それは今まで社会から押し付けられていた「女子はこれこれ」という生き方の枠組みから、女性が自ら脱出しようとしている表れにほかなりません。それは、「草食系の男性」が今までの「男らしさ」の神話から自由になろうとしていることと対《つい》をなしています。これからは、胆力を備えた女性が「女らしく」、繊細なやさしさを備えた男性が「男らしい」と言われるようになるかもしれませんね。

＊川筋者　昭和初期、主に筑豊炭田で、遠賀川《おんががわ》を使って炭鉱から石炭を若松港に運ぶ重労働に従事した　人々のこと。気が短くて気性が荒い人が多かったそうです。

「背中」は語る

明治初期の日本を旅した英国人の紀行作家イザベラ・バードは、日本人の身体つきについて、「胸がくぼんでいる」のが特徴だと言っています。「胸がくぼんでいる」——それは、やせているのにお腹がぽこんと出て、やや猫背《ねこぜ》で胸がペタンコ、という典型的な日本人体型のことにほかなりません。

現在、この体型は多くの日本人にとってコンプレックスでしかありません。しかし武道やスポーツ、あるいは匠《たくみ》の道を究《きわ》めた人にとっては、洋の東西を問わずこの体型こそ理想的なパフォーマンスを成し遂げる奥義だと言います。

腹筋を緩《ゆる》め、腸腰筋《ちょうようきん》などのインナーマッスルで姿勢を保ち、肩甲骨《けんこうこつ》を開いて（僧帽筋《そうぼうきん》でなく）板状筋《ばんじょうきん》で首を支える。そうすると、背中がすこし丸くなり猫背になります。

大仏をイメージしてください。この姿勢で腹式呼吸をすると、横隔膜《おうかくまく》が下がり、腹壁《ふくへき》が前に押し出され、お腹がみぞおちからグッと膨《ふく》らみます。

古武術は、この大仏さまのような体勢にならないと技がかけられないそうです。修験道１３００年の歴史の中で、「千日回峰行」の二人目の満行者となられた塩沼亮潤大阿闍梨《しおぬまりょうじゅんだいあじゃり》も、１６０センチほどの小柄な方なのに、お臍《へそ》周辺がどっしりと太く、まさに大仏様のような体型でいらっしゃるとか。

現代でも、テニスの錦織圭《にしこりけい》選手は、腹筋の緊張がなく、横隔膜がちゃんと下がり、内臓や体幹部の筋肉に余計な負担がかかっていない身体をしているそうです。

また、首相経験者クラスの大物政治家の施術経験があるマッサージ師の話だと「一流の政治家はみな腹が柔らかい」そうです。腹筋が緩んでいるのですね。中にはズボッと奥まで手が入るほどの人もいるとか。「エゴがあ

鎌倉の大仏。少し猫背でいらっしゃる

るとみぞおちは固くなる」とそのマッサージ師は言います。私利私欲を捨てた政治家かどうかは、身体が教えてくれるというわけです。

猫背も日本人の特徴といわれます。

浮世絵を見るとどれも首が前に出ています。江戸時代まで日本人はそういう身体つきだったのでしょう。頭と首を支えるための板状筋を使うと自然とこういう位置に頭が来ます。この時、広背筋《こうはいきん》や肩甲骨回りの菱形筋《りょうけい》も緩み、やや猫背気味の姿勢になります。

塩沼亮潤大阿闍梨

肩が凝《こ》るのは、本来頭と首を支えるための筋肉であるインナーマッスルの板状筋を使わず、僧帽筋で首を支えるからだそうです。

僧帽筋は肩甲骨を動かすための筋肉ですからそれを首を動かすためにも使うとなると、大変な負荷がかかり、肩が凝るというわけです。

現在「良い」とされている「まっすぐな姿勢」を保つために、私たちは身体に負担のかかる筋肉の使い方をしているのですね。

「身体意識」という点でも、日本人の背中と腹の認識は、西洋とは逆です。今、私たちは背中が裏で腹が表となんとなく思っていますが、本来の日本的な感覚では背中が表、腹が裏となります。おそらく明治以降の怒濤《どとう》のような西洋文明の流入と同時にその基盤にある考え方が浸透し、いつの間《ま》にか入れ替わってしまったのでしょう。

ライオンや虎を見れば分かるように、動物にとってたてがみや模様のある背中は、まさしく「表」であり、腹は「裏」であることは自明のことです。当然、人間も背中は「表」だと、昔の日本人は考えたのだと思います。

日本人にとって「背中が表」というのは、刺青《いれずみ》を見ると分かります。別に背中の面積が

東洲斎写楽の首絵。当時の浮世絵はどれも首が前に出ている

広いからではありません。「背中《せな》で泣いてる唐獅子牡丹」というフレーズで有名な東映任侠シリーズを挙げるまでもなく、弁天小僧や遠山の金さんなど、日本の名だたる刺青ホルダーはみな背中に彫っています。自分には見えない背中が一番豪華な図柄になっているのです。

ちなみに外国のラッパーたちのタトゥーは、ほとんど胸側《きょうそく》（大胸筋上）に彫られています。彼らにとって人に見せたい「表」は、胸側なのです。以前ハワイで出会った新婚の警察官は敬虔《けいけん》なクリスチャンで、両肩から腕にかけてびっしり聖書の物語のタトゥーをしていましたが、背中は真っ白でした。これも身体意識の違いです。西洋人にとって、背中はあくまで見せる側ではなく、「裏側」（まさにｂａｃｋ）なのだと思いました。

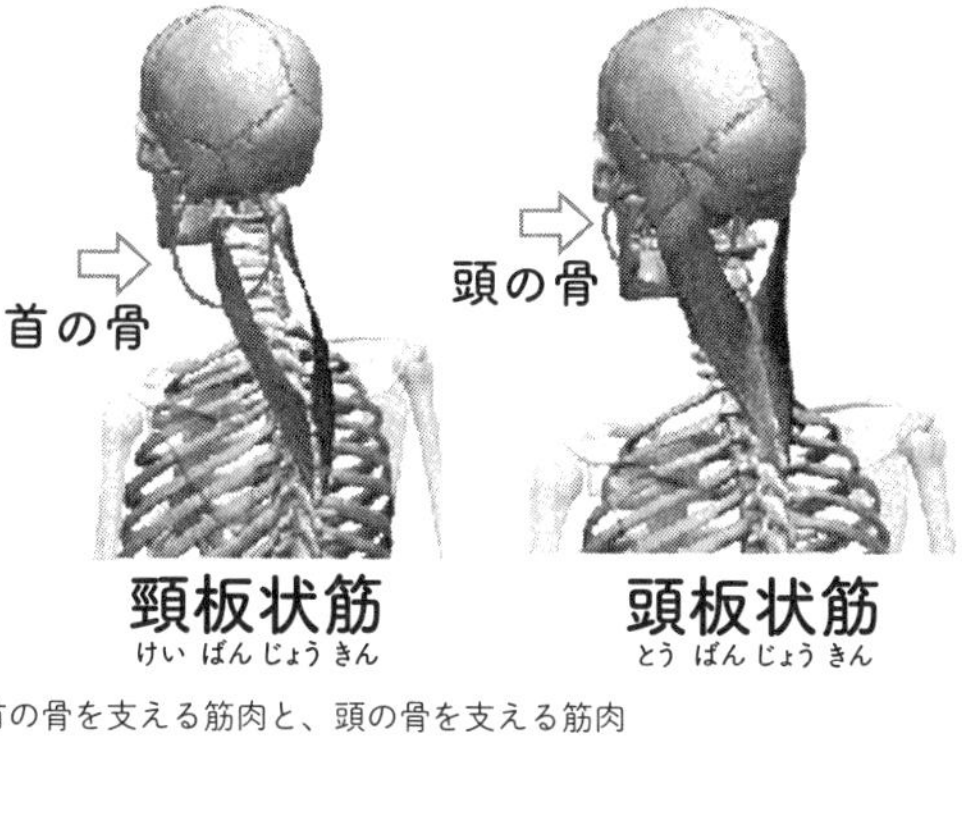

首の骨を支える筋肉と、頭の骨を支える筋肉

帯も結び目は背中に作ります。豪華な「ふくら雀」結びも、自分では見ることができません。それにもかかわらず帯にしても刺青にしても、法被《はっぴ》にしても、外に対して見せつけるように背中を飾ります。西洋のドレスは前面をレースや宝石で飾りますが、背面はいたってシンプルです。身体意識の違いが衣服にも表れています。

鍼灸《しんきゅう》では背中が陽《よう》、腹が陰《いん》になっており、主なツボは背中に集中しています。肝臓、腎臓など大事な臓器も、背中側からマッサージすることができます。ここでもやはりメインは背中なのです。

なぜ日本ではこれほど「背中」が重要視されてきたのでしょう?

思うに、農作業と関係があるのではないでしょうか。田植え、草取りなど重労働の農作業は、筋肉が正しく使えないと効率が悪いばかりか、不要なところに力がかかり、身体を壊してしまいます。

とりわけ身体の「幹」として重要なのが「背中」です。背中の感覚が鋭敏な人は感受性も鋭いそうです。現代でも、人の気配を背中で感じたり、風邪のひき始めは背中のゾクゾク感で察知します。

また、背中に本音が出ることもあります。楽しそうにはしゃいでいる人の背中に孤独の影が宿っていたり、愛想のよい人の背中に強烈な拒否感が漂っていたり、顔側からは察知できない本音が隠しようもなく背中に現れてしまいます。

役者でもない限り、顔の表情は作ることができても背中の表情を作ることは難しいものです。だからこそ子供は「親の背中」を見て、親の本音を探ろうとするのでしょう。

現代の私たちは胸・腹側ばかりに意識が行きがちですが、実は自分の見えない背中にこそ本音が表れているのです。

日本人の「背中」意識が敏感だったのは、身体の本音、心の本音を少しでも正確に受け止めようという意識の表れだったのではないでしょうか。

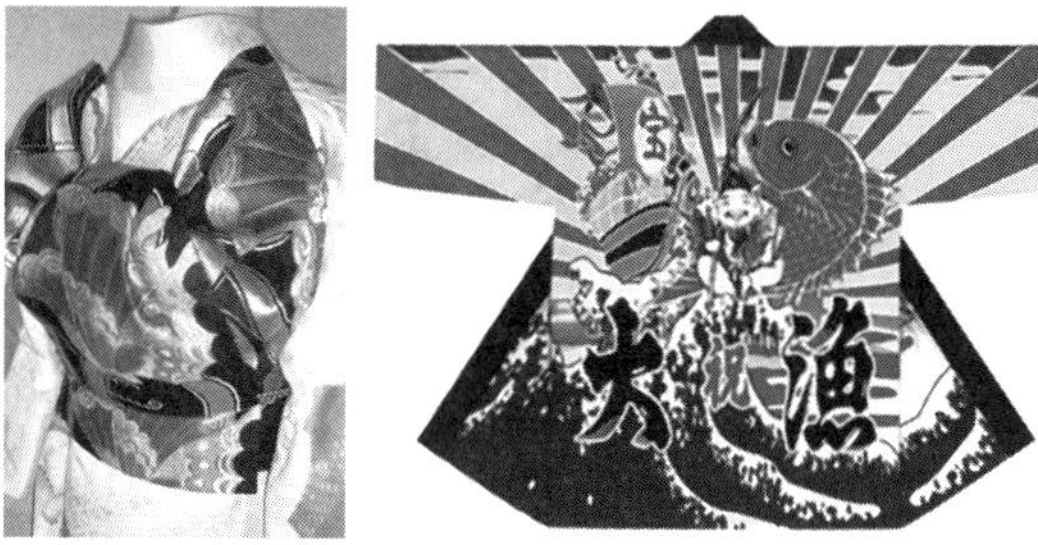

背中がメインの帯締めと法被

第四章

文化の発見

「ぬか床」はどこ?

毎年、ノーベル賞の話題が出る時期になると、日本では決まって「今年こそ村上春樹がノーベル文学賞を受賞するのでは!」と、メディアが騒ぎ立てます。

しかし、評論家の故・松本《まつもと》健一《けんいち》さんは、どれほどハルキフィーバーがあろうと、「村上春樹はけっしてノーベル文学賞を取れない」と一貫して主張していました。

なぜでしょう?

2006年、出版界が「今年こそ春樹か!」と盛り上がっていた時期に、松本さんはあるインタビューで「今年、村上春樹さんはノーベル賞を取りますか」と

店頭に並ぶ村上春樹本

訊《き》かれ、即座に「取りません」と答えています。「じゃあ、誰が取ると思いますか」との質問に、「トルコのオルハン・パクムでしょう」と答えました。

実際、その年のノーベル文学賞は、松本氏が言った通り、『わたしの名は紅《あか》』（藤原書店刊）の著者であるオルハン・パムクでした。村上春樹がノーベル賞を取れない理由について、松本さんは松岡正剛さん・隈研吾《くまけんご》さんとの対談の中で、こう語っています（『匠の流儀』松岡正剛編集　春秋社刊）。

「村上春樹はたしかに世界中で読まれています。なぜあんなに世界で受けるかというと、朝起きて紅茶を飲んで、きれいな音楽を聴いて、美しい絵画を見て、都市の物語が始まる。これは世界的に通じるわけですよ。つまりイタリアでもフランスでも韓国でも中国でも売れるし、もちろん日本でも売れる。つまり村上春樹はどこの国のものでもないから、世界中で受けるんです。でも、そういうものをノーベル賞が評価することはないんです」（前掲書p279）

それに対して、その年の文学賞を受賞したオルハン・パムクの『わたしの名は紅』は、16世紀のイスタンブールの細密画師の世界を扱ったもので、文明間の衝突と共存、イスラム原理主義の動静などを細密画さながらの精緻な構成で綴《つづ》った作品だそうです。

描かれている時代は16世紀でも、現代にも通じる問題が西欧社会でも話題となり、米同時多発テロが起きた2001年9月11日の数日前、「ニューヨークタイムズ」で大きな紙面を割《さ》いて紹介されたそうです。

『わたしの名は紅』藤原書店刊

オルハン・パムクの作品にあって、村上春樹の作品にないものとは、いったい何でしょうか？

一言で言えば、作品に「作者が生きてきた文化のにおい」が感じられるかどうか、ということなのです。どこの国にも属さない、バーチャルな都市の話は確かに万国共通のテーマを扱うことはできます。しかし、人の魂に触れ、ものの見方を変えるような影響を与えることはできません。前掲書で、建築家の隈研吾さんも同様のことを言っています。

「建築の場合は、文化のにおいのない建築家は、国際的にも活躍できないということが起こってきています。（中略）いまや世界中の建築家が同じ土俵で勝負しなくてはいけなくなった。（中略）となると、どの建築家に頼むかというときの決め手は、「キャラが立っているかどうか」ということに掛かってくる。つまりその建築家が背負っている文化のにおいが、すごく重要になってくる。」（前掲書p266）

「文化のにおい」がする――それは自分が育った文化的土壌からどんな養分を、どんなふうに吸い上げて自分のものにしているのか、ということです。ちょうど漬物が放つ、ぬか床と素材の出会いが醸《かも》し出す、えも言われぬ香りのように。

外国人からそのことを指摘され、あらためて自分の出自である日本文化に碇《いかり》を降ろし直した人は大勢います。

世界的なパイプオルガニストの児玉麻里《こだままり》さんもその一人です。児玉さんはヨーロッパを中心に活躍しており、ご自身の演奏に自負もありましたが、ザルツブルグでモーツアルト協会の重鎮にこう言われたのです。「音楽は言語学と同じなのです。あなたは、外国人がいかに文法的に正確に日本語を話しても聞いたとたん、外国人だと分かりますね。音楽もそれと同じなのです」

本質を衝かれた言葉に、児玉さんは衝撃を受け、悩みぬきました。そして、今までバッハやモーツアルトを演奏するだけだった音楽人生を、がらりと変える決断をしたのです。

「日本人のDNAを活《い》かし、日本人でなければできないオルガン音楽を創ろう！」

そう決意した児玉さんは、1995年、箏《こと》と尺八《しゃくはち》とパイプオルガンという編成で「サウンド・オブ・ピース」を結成しました。以後、和太鼓や笛、声明《しょうみょう》など、日本の伝統的な楽器とのコラボレーションに取り組み、日本の歴史からテーマを得た曲を自ら作曲して「日本発の新しいクラシック音楽」のジャンルを開拓し、広く欧米で好評を博するようになったのです。

一時パリを席捲した日本人のデザイナーたちも、「やつし」の美学（川久保玲《かわくぼれい》）、折り紙（イッセイミヤケ）、和服のような直線の魅力（ヨウジヤマモト）といった、日本文化の下地があったからこそ、あそこまで世界に受け入れられたのです。

ノーベル文学賞の話に戻せば、カズオ・イシグロ氏が受賞したのは、彼が英国という「ぬか床」にどっぷりと漬かり、英国人の感性でものを書いているからです。

3次元世界に肉体をもって生きている私たちは、必ずどこかの文化圏（だいたいは母国語の文化圏）に属し、言語はもちろんのこと、考え方や立ち振る舞いなど、無意識にそこから多大の影響を受けています。そして、外国人の目にはその「無意識の部分」こそが、その人らしさとして映るのです。それをなかったことにして、インターナショナルな風を装っても、単なる「根無し草」でしかありません。

先日、ある施術家の知人から聞いた話です。その方のクライアントで大変日本の歴史に詳しい方がいました。「ずいぶんとお詳しいのですね」と感心したら、こんな話が返ってきた、と話してくれました。

その方のお嬢さんが高校生で、1年間のホームステイを終えて、アメリカから帰国してきたときのことです。成田で出迎えたお嬢さんは半分べそをかいて、いきなりこう言ったそうです。

「お父さん、日本って誰がいつ作ったの？」

「な、何でいきなりそんなことを聞くのかね？　何かあったのか？」

その方は面食らってしまいました。

お嬢さん曰く、到着初日、ホームステイ先の家族のお祖母さんに挨拶したところ、「あなたの国は誰がいつ作ったの?」と尋ねられたそうです。アメリカの歴史は頭にあったものの、これまでの教育できちんと日本の建国の由来を習ったことがなかったお嬢さんは、「はた」と詰まってしまいました。

黙って下を向いている彼女に、お祖母さんはこう言い放ちました。

「自分の国のことも知らないで、外国のことを学んでも、何の意味があるのでしょう」

このお祖母さんは、ホームステイの期間中二度と彼女と口をきいてくれなかったそうです。そうなるとホームステイ先の家族の他のメンバーもなんとなくよそよそしく、大変居心地の悪い日々を過ごしたのでした。

お嬢さんの話を聞いたその方は、実は自分も「グローバルな人材」を自負し、英語が堪能ではあっても、日本の建国については知らなかったことに気づきました。

そして、父子でこれから「日本の歴史」をちゃんと学ぼうと心に決め、まず『古事記』の口語訳から二人で読むことにしたそうです。それから父子でいろいろと日本史の本を読み漁《あさ》り、いつの間《ま》にか「歴史通」になっていたのでした。

「国際派」になりたかったら、語学の習得以前に、まず自分たちが生まれ育った国について学ぶことをお勧めします。自分の中に語るべき内容があると、多少拙《つたな》い語学でもなんとかなるものです。


私の体験を少しお話ししましょう。

大学院博士課程の時、フランスの国費留学生が大学に来ました。彼女は『和漢朗詠集』を研究しており、それを修士論文にするというのです。文部省（今の文科省）は、国費留学生にチューターを付けることになっており、私は彼女のチューターに指名され、論文作成の指導をすることになりました。『和漢朗詠集』なんて、日本人でも滅多に研究していません。私も学びながら四苦八苦の思いで、何とかチューターを務めました。

やがて2年たち、彼女が帰国する日が来ました。私は拙《つたな》いフランス語を詫びたところ、彼女からは想定外の言葉が返ってきたのです。

彼女「今までありがとう。私はあなたを尊敬しています」

私「尊敬？　どうして？　下手なフランス語で本当に恥ずかしかった」

彼女「いいえ、それは問題ではありません。あなたは自分の国をとても愛していて、日本のことをよく知っています。私はそこを尊敬しているのですよ」

その言葉を聞いたとたん、私は溢れる感動を抑えることができませんでした。「そうか、人の敬意というのは、その人がどれほど文化の香りを醸し、どれほど自分の国を知っているかどうかに向けられるのだ」――そこがフランス人の彼女の「尊敬」のポイントだったのでした。

ヨガやスピリチュアルワークで、「グラウンディング」という大地や自然とつながるワークがあります。同じように社会人として生きていくには、自分の生まれ育った文化にグラウンディングすることも必要です。ぬか床の風味を吸収した素材がおいしくなるように、生まれ育った文化からたっぷりとエネルギーと知恵をもらってこそ、舐《な》められない「人財」として世界に通用するのではないでしょうか。

若い人たちの「自分探し」が盛んなのも、実はこうした「ぬか床」の忘却があるからなのだと思います。

「器《うつわ》」ものがたり

学生時代の話ですから、まだ19歳かそこらの時のことです。銀座で小皿5枚セットを買いました。萌黄《もえぎ》色の地に、鉄釉《てつゆう》で花模様が描かれて、私としては「可愛い」と思った食器でした。ところが、母はその皿をほとんど使ってくれなかったのです。

「ねえ、私が買ったお皿、何で使ってくれないの？」

「あのお皿に盛ると、料理がおいしく見えないのよ。模様が強すぎて、食材がくすんで見えるの」

母の言葉に、私はショックを受けました。

「装飾品」として飾るならいざ知らず、日常に使う食器は

料理が盛られるのを待っている器たち

料理を引き立て、料理がおいしく見えないと価値がない、と母は言うのです。

「なるほど、料理を引き立ててこそ、良い器なのだ」と納得しました。それからというもの、私は「この器にはどんな料理が合うか」「料理を盛りつけたらどんな感じになるか」ということを考えながら器を選ぶようになりました。

のちに陶芸家の北大路魯山人《きたおおじろさんじん》の「食器は料理の着物である」という名言を知り、なるほどと思った次第です。そして母の一言から、私は何につけても「器」という存在に関心を持つようになりました。

人間も、人格や徳、あるいは才能を「器量」という言い方で表します。

「器に徹する」という言い方もあり、料理に対する食器のように、主役を引き立てる役回りをそう表現することもあります。

最近、「器」に関連して大変感動した人物がいます。自ら「器に徹する」覚悟で、ある業界に飛び込んだ人です。ぜひご紹介したいと思います。

三つ指をついて挨拶をするあでやかな芸者。

品川区大森海岸の芸者置屋「まつ乃家《のや》」の女将《おかみ》、栄太朗《えいたろう》さん。実はこの人は日本でただ一人の男芸者なのです。そのあでやかな姿はとても男性には見えません。でも、ただこれだけなら「変わった芸者がいる」という話題性で終わってしまうでしょう。

栄太朗さんの芸者姿と一般男性の女装との根本的な違い、それはいったい何でしょうか？　一言でいえば「覚悟」があるかないかだと言えます。文化を背負い、伝えていく覚悟があるかどうか、の一点です。

栄太朗さんは、母親である先代の女将が亡くなった後、「まつ乃家」を継ぎ、後継者となったことである決心をしました。ただ家業を継ぐだけなく、かつて料亭・待合茶屋・芸者置屋の「三業」がそろった花街であったこの地域を、再活性化しようと決めたのです。そのためには、「お座敷芸」という芸者文化を多くの人に正しく知ってもらいたいと思い、自ら「男芸者」となったのです。

しかし、栄太朗さんの凄《すご》さはそこではありません。

「自分はただの器に過ぎない。その器に芸者の文化が入るだけ」と言い切る覚悟が凄いのです。

「お座敷」は江戸時代の街場の社交場で、会議をしたり、宴会をしたり、今でいうカフェレストラン的な存在です。芸者は、そういう席で多様な芸を披露《ひろう》し、座を取り持つ仕事で、洗練された高度な芸でなければ目の肥えた客に喜んでもらえませんでした。

深川の芸者などは、江戸の辰巳《たつみ》（＝東南）の方角にあったので辰巳芸者と呼ばれ、まさに「芸者」（＝芸をする者）の名に恥じない高レベルの芸で、世間から一目《ひとめ》置かれる存在だったそうです。

栄太朗さんは、江戸以来の「お座敷芸の文化」を生きたままの姿で後世に伝えたいと思い、自ら「器」に徹しようというのです。

「生きたままのお座敷芸」――それは、観光客相手の「見世物」ではなく、実際にお金を払ってその芸を楽しもうとする客を呼べる芸でないといけません。

「お座敷芸の文化」を後世に伝えるために「器に徹する」という栄太朗さんは、ですから、単に「器」であるだけでなく、「本物のお座敷芸」をお客さんに楽しんでもらいたいと、思ったのです。

それは並大抵のことではありません。

一流の板前さんの料理には、それを盛り付けるにふさわしい食器があるように、伝統ある文化を受け継いで後世に伝えるためには、その文化にふさわしい芸の力がなければなりません。日本舞踊や三味線、茶道など、芸者に必要な芸事をすべて身に付けないといけないのです。志《こころざし》だけでできるものではありません。

良い器は料理と一体となってハーモニーを醸《かも》し出し、客の五感を楽しませてくれます。栄太朗さんが研鑽《けんさん》を重ねてゆけば、もはやお座敷芸の「器」というあり方を超えて、栄太朗さん自身が本物のお座敷芸を披露する一流の芸者となることでしょう。

母との器談義から、人間の器にまで関心が広がりましたが、何であれ、自分を磨き、高めないと「器」にすらなれないのだ、と栄太朗さんの生き方から学ばされたのでした。

成功と成長の法則・「守破離《しゆはり》」

規矩作法《きくさほう》　守り尽くして　破るとも　離るるとても　本を忘るな

これは、わび茶を完成させた千利休《せんのりきゆう》の教えを和歌にまとめた「利休道歌」のひとつです。

ひたすら師の教えに従ってその流儀を習い、守り続けているうちに、いつしかそれを打ち破って自分の型を作り、師の元を離れる時が来る。

しかし、たとえその時が来ても、根底にある基本を忘れてはならない、という意味です。

この歌を短縮した「守破離」という熟語は、武道や芸事などで修行の段階を表す言葉として、今なお使われています。


「守る」。

教えられたことをひたすら練習して、基本を身に付ける。この段階では、教えられた内容の本質を理解できなくとも、とにかく無我夢中で師の技芸を模倣し、体得すること。

「破る」。

師の技芸を十分学んだ後に、試行錯誤しながら自分に合った型を見出《みいだ》していく中で、（結果として）既存の型を「破る」こと。

「離れる」。

さまざまな経験を重ねることで、いつしか独自の境地に達し、自分のスタイルを確立することで、おのずと師から離れていくこと。

利休は、たとえ「離」の段階に到達しても、「守」の段階で学んだ「基本」を忘れてはならない、と諭《さと》します。「離」は、「守」がしっかりできていてこそ、実現するのです。

この「守破離」、実は最近、成功哲学やネットビジネスのサイトでも取り上げられることが多いのです。

たとえば、こんなふうに――。

「あなたが成功したいと思うなら、この守破離のステップをしっかり踏んでみてください。何度も言うように、守破離の中でも『守』が土台となる部分で最も重要です。

あなたが、給料以外に毎月10万、50万、１００万と稼ぎたいという気持ちがあるなら、私の型を真似てみてください。（中略）私についてしっかり実践してもらえば、半年以内に最低でも毎月30万円の継続収入を得ることぐらいは誰にでもできるようになります。『守』をすっ飛ばして、いきなり『破』の段階へ進んで自己流で取り組まないようにしましょう」

稼げるフリーランスの寺小屋☆フリーランス発電所（okutaro.jp）

おそらく、説明した通りにやらないで失敗した人から、「お前のせいで失敗した」といったクレームを回避するためかもしれませんが、「とにかく最初は教えた基本を忠実に守ってください」と、強調しているのです。

「守破離」の「守」には、その道を究《きわ》めるのに必須である「基本」の存在が前提となっています。それを「型」と言い換えてもいいでしょう。空手などの武道を見れば分かるように、すべてはまず「型」から入ります。

「型」は、その道の先人たちが苦労して築いてきた叡智の結晶であり、最も効率の良い技習得ノウハウの集大成です。それを学べば誰でも一通りできるようになります（本人の素質と努力によって結果は違ってきますが）。

まず「型」をマスターすること。つまり自分を「型にはめ」、「型通りに」演じること。

やがて反復を繰り返すうちに「型にとらわれない」境地に入り、癖や好みによって、今までにない自分だけの「型」が生まれてきます。

「型」から入って「型」を身に付け、やがてその「型」を破り、「型」を離れて、新しい「型」を作る――、これは芸事に限らず、ビジネスでも通用する。

「成功と成長の法則」にほかなりません。

演芸の世界で、まるで絵に描いたようにこの「守破離」を鮮やかに実現している方がいます。日本でただ一人のミュージカル落語家、三遊亭究斗《さんゆうていきゅうと》さんです。

究斗さんは、故・三遊亭圓丈《えんじょう》師匠の門下で、落語家になる前は劇団四季でミュージカル俳優をしていました。大ヒットミュージカル「レ・ミゼラブル」でテナルディエを演じた（2003、2004年）ほどの実力の持ち主だったのに、思うところあって落語家に転身しました。

34歳で落語界に身を投じ、圓丈師匠の下で修業した究斗さんは、やがて独自のスタイルを創り上げました。それが「ミュージカル落語」です。落語の世界に軸足を置きつつ、身体に染み込んだミュージカルの素養を活かし、今まで誰もやったことがないジャンルの芸能を打ち立てたのです。

「芝浜」のような古典落語でも、ミュージカル落語では、ピアノやドラムなどの楽器をバックに随所に歌が入ります。究斗さんの人柄が伝わってくる温かな語り口と、ミュージカルで鍛えた美声で語られる噺《はなし》は、もはや単なる「落語」ではなく、もちろん（一人で演じるので）ミュージカルでもなく、まさに「ミュージカル落語」としか呼べない新しいエンターテインメントです。

三遊亭究斗師匠

近年では「いじめ」をテーマにした「一口弁当」というミュージカル落語を中心に、全国の学校で公演もされており、教育の分野にまで活動を広げています。

そんな究斗さんを見ていると、「守破離」の先には、もう一つ「開」という段階があるのでは、と思ってしまいます。ある分野で「守破離」の段階を極めた後は、新しい分野を「開く」。そして、そこからまた新たな「守破離」が始まっていく――実に見事な進化系

「守破離」ですね。

「進化系」で思い出しましたが、最近のショービジネスの世界では、まさに「守破離」の先に、新しいパフォーマンスの世界を開いています。

たとえば、2017年からフィギュアスケート界が「氷艶」というタイトルで、スポーツと日本文化の融合を目指したアイスショーを展開しています。

2017年の「氷艶HYOEN　2017―破沙羅」では、なんと歌舞伎とコラボし、歌舞伎俳優とともに歌舞伎の装束を身に着け、スケート靴を履いて氷上で演技をしました。

2019年は『源氏物語』をプロの俳優や歌手とのコラボで実現させ、主役のフィギュアスケーター高橋大輔さんは、演技だけでなく、歌や殺陣《たて》もこなしました。フィギュアスケートの基本を尊重しつつ、フィギュアの枠を破り、まったく新しいアート空間を生み出したこの試みには、脱帽するばかりです。

若手歌舞伎の動きも、「守破離」による新しい歌舞伎の誕生を感じさせます。

もう20年以上も連載が続いているマンガ『ワンピース』(尾田栄一郎作)や、宮崎駿の

『風の谷のナウシカ』が、歌舞伎化されるなど、つい数年前には考えられないことでした。

　こうした一連の試みは、単なる目先の変化を狙っただけではありません。フィギュアスケート、歌舞伎という専門性の高いパフォーマンス界が、「守破離」のプロセスにおける「離」に到達し、三遊亭究斗さんのように新しいジャンルを開くまでに至っています。

　もちろん、今までのフィギュアスケートや歌舞伎がなくなるわけではありません。現代のスポーツであるフィギュアスケートがその技術を使って日本の古典を表現し、伝統芸能の歌舞伎が現代の人気アニメを舞台で演ずる——そこにはまさに「守破離」の「離」の精神が溢れ、新しいジャンルを創ろうという意気込みが感じられます。


　何か新しいことを始めてみたいと思う時、私たちはつい前方に視線を走らせがちです。しかし、自分が「守」のレベルで培《つちか》った基礎がなければ、たとえ「これは！」と思うものに出会っても、極めることはもちろん、成功することは難しいものです。

　それは私も、主人の事業をサポートする中で学んだことでした。

　今から20年ほど前の話です。自治体の条例制定にともない、主人の会社の主要事業が廃業に追い込まれる事態になりました。会社の売上の3分の1を占める事業がなくなったのです。危機感から高利益を生み出す（と思われた）事業に投資したものの、どれもうまくいきませんでした。

けれども、ある水処理装置との出会いによって、会社の「原点」ともいえる給排水設備メンテナンスにつながる事業に取り組むことになりました。会社が「守」に立ち戻った瞬間です。子会社として始めたその事業は、今では親会社と肩を並べるほどの売上げを出すようになっています。現在は「破」から「離」への移行期にあり、これからの展開にわくわくしています。

「守破離」。

この言葉は、けっして古びない「成功と成長の法則」だと、つくづく思わないではいられません。

文化にひそむ「かたち」

風呂敷ほど便利なものはありません。四角い箱はもちろん、スイカのような丸い物から一升瓶のような物まで、安定的に包むだけでなく、飾り結びまでやってのけてしまいます。

これは風呂敷が「正方形」だからできることです。長方形ではこうはいきません。一升瓶は何とか包めても、スイカは無理でしょうね。

私たちのまわりを見渡してみると、思いのほか「正方形」の意匠が多いことに気づかされます。折り紙、一升枡、碁盤《ごばん》、茶室、袱紗《ふくさ》、重箱、座布団……。

畳も一枚だと長方形ですが、2枚並べると正方形になります。平安京も、町の区画は正方形の「丈《じょう》」で区切られていました

一升瓶を包む、さまざまな風呂敷のかたち

（町は一辺が40丈―約120メートル―四方の区画でした）。

折り紙があれほど多様な形を折れるのも、正方形であるからにほかなりません。

なぜこれほど私たちの生活の中に「正方形」が溢れているのでしょうか？

これは日本建築からきている、という説があります。丸太から角材を切り出す際、「正方形」に切り出すのが一番材木を無駄にしないやり方だというのです。

余った部分は割りばしなどに利用すれば、資源を無駄にしないばかりか、割りばし製造業という雇用を生み出すことにつながり、一挙両得になります（ひと頃、「使い捨ての割りばしは資源の無駄遣いだ」というエコロジー運動がありましたが、割りばしは本当はとてもエコなのです）。

正方形の折り紙１枚で作ったシンゴジラ

こうして正方形の角材を使って、寺社に限らず日本の建築は造られてきました。

日本建築と言えば、至る所に白銀比（1：$\sqrt{2}$、「大和比」ともいう）が使われています。

それは、角材の切り出し方に影響されているのではないか、と私は思うのです。なぜなら、角材の正方形の一辺を1とすると、対角線は$\sqrt{2}$になるからです。つまり1：$\sqrt{2}$という白銀比の比率が、すでに材木段階から仕込まれていたことになるのです。

実は日本文化の至る所に、この1：$\sqrt{2}$（1・414）がひそんでいます。たとえば、言葉の七五調は、ヒット曲やCMのキャッチフレーズでも多用され、日本人にはなじみ深い語調です。七五調は比率で見ると1（5）：1・4（7）でほぼ白銀比であることが分かります。俳句も5・7・5です。

俳句人口が子供から大人まで幅広い層に広がり、根強い人気を誇っているのも、DNAに刻まれた白銀比のリズム、5・7・5のせいかもしれません。

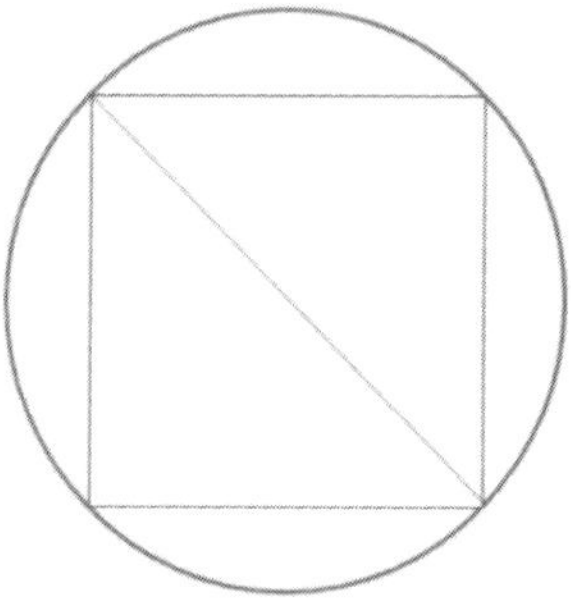

丸太を正方形に切り出し、余った部分を割りばしなど木工品に加工する

『雪月《せつげつ》花《か》の数学』の著者桜《さくら》井《い》進《すすむ》さんは、その著書のなかで北《きた》野《の》武《たけし》さんの面白いエピソードを紹介しています。

映画監督の北野武さんは、映画を編集する際に、撮影したフィルムをカットしていくのですが、「七五調」の奇数のリズムでカットすると収まりがいいと言うのです。北野さんが意識的にそうしているのか、あるいは日本人としての無意識がそうさせているのかは分かりませんが、大変興味深いお話です。

一方、西欧では白銀比に対して黄金比の1：1・6の比率が多用されています。白銀比あるいは7対5の比率では正方形が元になっていましたが、黄金比ではどんな形が元になっているのでしょうか？

有名なフィボナッチ数列は、前の二つの数字の和を並べた数列（1、1、2、3、5、8……）で、小さい方の数字で大きい方の数字を割ると、ほぼ1：1・6の比率になります。まさに数列自体が黄金比の連続です。その数字の数を半径にして円を描いていくと、螺旋《らせん》形になります。

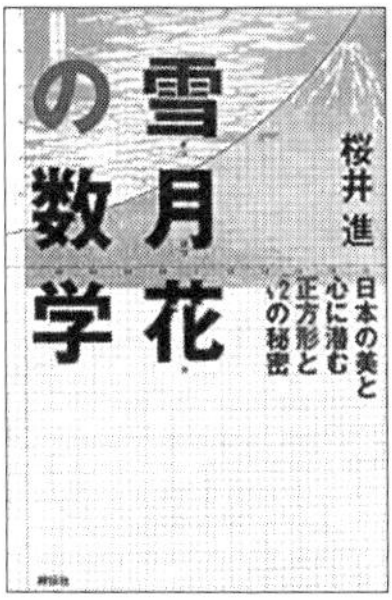

『雪月花の数学』桜井進著
祥伝社刊

黄金比が螺旋形を生み出し、白銀比は正方形を形作る。

この違いはどこから来るのでしょうか？　両方とも自然界にある比率です。ヒマワリや松ぼっくりには明らかに黄金比が見て取れますし、水晶やダイヤモンドなどの鉱物の結晶は白銀比を成しています。

螺旋形は開放的でどこまでも広がっていくのに対し、正方形は対角線を引いて二等辺三角形を作ると、それを何等分してもどこまでも二等辺三角形が現れる、相似的な図形です。


この違いは何を表しているのでしょう？　それは、「宇宙のとらえ方」の違いを表しているのです。西洋的な認識では、宇宙とはつねに拡大・成長してゆくダイナミックな「螺旋《らせん》」であり、一方日本的な認識では、宇宙全体がミクロからマクロまですべて同じ形でできている「相似象《そうじしょう》」と考えられているのです。

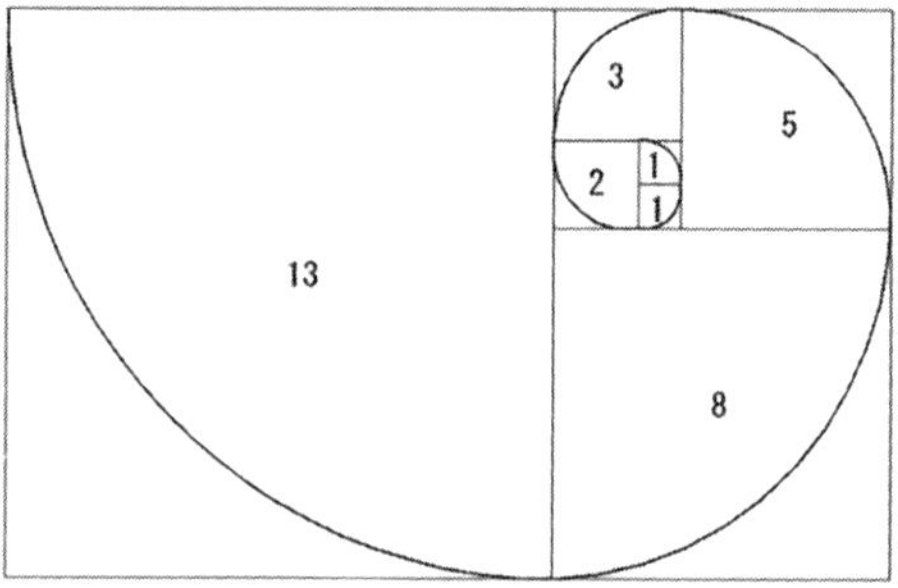

フィボナッチ数列で円を描き続けていくと、「螺旋」ができる

この日本的な認識は、やがて、小さきものの中に森羅万象《しんらばんしょう》を見、一瞬の中に永遠を捉える感性を育んでいきます。なぜなら、極小から極大まですべてが同じ一つの形なのですから、「今ここ」も「永遠」も「ヒトツカタ」（＝カタカムナ人の言い方）、つまり「同じもの」にほかならないからです。「今」を表現することは、「永遠」を表現することになるのです。

荒海や　5
佐渡によこたふ　7
天の川　5

芭蕉《ばしょう》の有名なこの句は、荒れ狂う夜の海と見上げた空に瞬《またた》く天《あま》の川《がわ》を詠《よ》んでいます。一瞬の情景の中に、大きな宇宙が感じられませんか。詠み手も、読者も、それを感じることができるのは、私たちが白銀比に基づく感性を持っているからです。

左:黄金比の植物　右：白銀比のダイヤモンド

俳句、水墨画、竜安寺《りょうあんじ》に代表される日本式庭園——およそ日本文化を代表する芸術には、形を変えた白銀比が至る所にひそみ、私たちの琴線《きんせん》を震《ふる》わせ続けているのです。

「本物」とは?

昭和天皇にまつわるエピソードはたくさんあります。中でも私が好きなエピソードの一つをご紹介します。

時は1963年(昭和38年)、インドネシアのスカルノ大統領を国賓としてお迎えした宮中晩餐会でのことです。池田内閣および佐藤内閣で参議院議長をされていた重宗雄三《しげむねゆうぞう》氏は、ご夫妻で晩餐会に招待されました。

晩餐会に出かける間際、雄三氏は奥様の服装が地味なので、「もっとパァッと華やかにしたら」と注文をつけましたが、着替える時間もない奥様は、困ってしまいました。すると雄三氏は、ふと考えて、「この間貰ったあのデカいのをつけていけ」と言うのです。それは、孫からの誕生日プレゼントのガラス玉の指輪のことでした。

「でも、あなた、あれはガラス玉ですよ」

「かまわん、いいよ、はめていけ。まさかあの席上で、天下の参議院議長の奥様がガラス玉をはめているなんて、だれも思わんだろう」
重宗夫人は素直な方だったので、ご主人の言う通りガラス玉の指輪を着けて出かけました。

さて、宮中晩餐会が始まりました。重宗夫妻のお席は、メインテーブルで陛下のはす向かいでした。豪華なシャンデリアの光に、重宗夫人の大きなガラスの指輪はひときわピカッと輝き、人目を惹《ひ》いています。けれども、夫人は指輪が光れば光るほど恥ずかしくてたまらず、小さくなっていました。
この指輪が余りにも光るので、そのうち天皇陛下が身を乗り出されて重宗夫人の指輪をじーっと見つめはじめました。奥様は、もう何とも言えない恥ずかしい気持ちになり、さらに小さくなって食事をされたそうです。

やがて会はお開きになりました。夫人が誰かと歓談していると、陛下がお近くにいらっしゃったのです。恐縮して「本日はお招きありがとうございました」と最敬礼し、しばらくして頭を上げると、陛下は例の指輪をまじまじと見つめているではありませんか。そして奥様にこう言われたのです。

「重宗さん、先ほど食事の時に、非常に光ったものだから、よく見たらあなたの見事なダイヤでした。あの見事なダイヤをそばでゆっくり拝見させてください」

奥様は緊張しました。

（天皇陛下というお方は絶対に誤魔化すことができないお方。どうしても嘘は言えない）

そう思った奥様は意を決して、小さな声で陛下のお耳元に近づいてこう申し上げました。

「陛下、誠にお恥ずかしいことでございますが、実を申しますとこれはダイヤではありません。これはダイヤのニセモノでございます」

「これ、ニセモノですか！」

と、陛下が驚かれて大きなお声を出されました。


奥様は慌ててしまい、冷や汗が出てきました。

「はい、これはダイヤのニセモノ。ガラス玉でございます」

陛下はしばらくじっと指輪をご覧になっていらっしゃいました。そして……。

「重宗さん、本物じゃありませんか」と仰《おっしゃ》ったのです。

「違うんです。これはダイヤじゃないんでございます。ガラス玉でございます」と、夫人が重ねて申し上げると、陛下はお笑いになってこう仰いました。

「あなた、本物じゃありませんか。これねぇ、ガラスの本物でしょう」

重宗夫人は思わず胸を衝《つ》かれました。

(ああ、素晴らしいなぁ。本物だけを生きてこられたお方は、本物だけを見られるのだなぁ)と、深く感動されたそうです。


「ガラスの本物」——

陛下にとって、いわゆるニセモノは存在しないのです。ニセモノとは、何かと比較対照する時に出てくる概念です。重宗夫人は「自分はニセモノのダイヤの指輪を着けている」という意識があったため、指輪が光れば光るほど恥ずかしくて仕方がなかった、と仰っています。

もし本物のダイヤだったら、逆に光れば光るほど誇らしい気持ちになったことでしょう。内面に「比較」の心があったために、自分の持ち物をニセモノと認定し、卑屈な気持ちになっていたのでした。

しかし、陛下は「物そのもの」だけをご覧になっていたのです。

まばゆくカットされたガラス玉がそこにあるなら、その輝きの美しさだけを純粋に愛《め》でればいいのです。なぜ、わざわざそこにないダイヤを引き合いに出して、目の前の美しいガラスを貶《おとし》める必要があるのでしょう。

陛下の「本物」を愛する姿勢は筋金入りです。

1975年、陛下がアメリカを訪問された時、ディズニーランドで、ウォルト・ディズニー氏からミッキーマウスの絵柄入りの時計をプレゼントされました。

昭和天皇に贈られたものと同じ腕時計

この腕時計は、金型製法による大量生産を世界ではじめて行ったインガーソル社が製造したもので、ファーストモデルを忠実に再現したリモデル版だそうです。

陛下はこの腕時計を大変気に入られ、ご公務でも身に着けておられました。

普通の常識で考えれば、陛下ほどのお方なら、国産でも外国製でも、最高級の腕時計をお着けになって何の不思議もありません。けれども、陛下はこのミッキーマウスの腕時計を選ばれ、いつも愛用されていたのです。

そのため、1979年に時計が動かなくなったときは大騒ぎとなり、宮内庁の担当者が、止まった時計をアメリカの時計に詳しい東京の専門家に慌てて持ち込みました。このことは、当時のタイム誌（1979年9月18日号）でも記事となり、「国家的な心配事」となりましたが、幸い電池交換だけで済んだそうです。

1981年、三洋電機が太陽電池式の腕時計を献上するまで、陛下はずっとミッキーマウスの時計を愛用されていました。

このミッキーマウスの腕時計は1989年、陛下の崩御にともない、ご遺体とともに棺《ひつぎ》の中に収められました。この事実を知ると、世間一般の価値基準ではない、自分だけの「本物」を愛しきった陛下の深い愛が感じられてきませんか。

私たちが「優劣」や「比較」を問題にする価値観から自由になり、自分の価値観に自信を持つようになれば、世の中には「本物」しかないことに気づくのではないでしょうか。

「まれびと」の系譜――現代版

「まれびと」とは、「海の彼方《かなた》からやってきて、村人の生活に幸福をもたらして還《かえ》る神」という意味です。これは古来日本の神は「まれびと」であったとする民俗学者折口信夫《おりくちしのぶ》の有名な概念です。これに対して、「いや、日本の信仰の元は祖霊信仰だ」と主張する柳田《やなぎた》國男《くにお》との有名な「まれびと論争」がありますが、今回はそれには触れません。

日本の民俗を眺めると、「なまはげ」をはじめとして、異界からやってきて、穢《けが》れを祓《はら》ったり、幸《さいわい》をもたらしてくれる神を村や家に迎える風習が各地にあり、枚挙にいとまがありません。論争はともかく、「まれびと」という考えと風習はあったと考えるのが自然だと思います。

面白いことに、大衆に広く受け入れられた物語には、

石川直樹写真集「まれびと」より

「まれびと」を主人公にしたり、あるいは主人公を助ける役回りで「まれびと的存在」が登場したりしています。

代表的なのは『鞍馬天狗《くらまてんぐ》』でしょう。鞍馬天狗がどういう人か、どこに住んでいるのか、誰も知りません。でも、善人が悪者によって危険な目に遭《あ》っているとき、忽然《こつぜん》と現れて助けてくれます。そして、悪人の成敗《せいばい》が終わると何の見返りも要求せず、むしろ助けられた人からのお礼すら拒《こば》んで去っていくのです。

『鞍馬天狗』と同工異曲で『白馬童子《はくばどうじ》』というのもありました。『月光仮面』もこの流れにつながります。

『ウルトラマン』シリーズもそうですね。遠い星から地球に降り立って悪い怪獣をやっつけるウルトラ一家の活躍は、まさに「まれびと」そのものです。このシリーズの人気が長い間衰えないのは、私たち日本人の意識の奥底に眠っている「まれびと」信仰を刺激するからではないでしょうか。

「まれびと」は、村などのリアルな共同体に属していません。異界や化外《けがい》の地から「まれに」来るのです。「天狗」も異界の存在ですし、「童子」は、封建時代の身分制度の枠外にある存在です。

「童子」については少し説明が必要でしょうか。

普通、子供が大きくなると「元服」をして、武士なら竹千代から家康へ、というように幼名から成人の名前に代わります。これで晴れて社会の正式な成員と認められるのです。

ところが貴人の身の回りのお世話をする「八瀬童子《やせのどうじ》」など身分制度の埒外《らちがい》にある人々は、元服をせずに生涯「〇〇丸」のような幼名で通します（昭和天皇崩御の際、ご遺体を納めた輿《こし》を担《かつ》いだ人々が「八瀬童子」です）。頭も月代《さかやき》を剃らず、束髪《そくはつ》のままです。

ですから「白馬童子」という名前には、身分社会の外から来た人、という意味が最初から込められているのです。

「まれびと」は、日本だけの民俗信仰ではないようです。外国でも『スーパーマン』などのヒーローたちは、みな「まれびと」にほかなりません。『ムーミン』に出てくるスナフキンも、立派な「まれびと」です。『風の谷のナウシカ』に出てくるユパ様も、「まれびと」の系譜につながる存在です。

この「まれびと」というモチーフを生かして大成功した喜劇がありますが、何だか分かりますか？

ご存じ「男はつらいよ」です。

主人公の「フーテンの寅さん」は、住所不定のテキ屋稼業。これは「異界からくる謎の存在」という「まれびと」の条件を満たしています。普通「まれびと」は人々の難局に突然やってきてそれをあっという間に解決し、人々に安心と幸せをもたらすや否や、疾風《はやて》のように去っていきます。でも「男はつらいよ」では、この部分がすべてひっくり返っているのです。

寅さんはおじさん夫婦や妹家族が平穏無事に暮らしているところに、突然ふらりと戻ってきます。そして善意からではあっても、見当違いなお節介《せっかい》をして周囲を巻き込む騒動を起こします。すったもんだの挙句、ようやく騒動が収まると、またふらりと旅へ出ていくのです。

どうです？

まさに寅さんは「まれびと」ではありませんか？　「逆まれびと」と言ったほうがいいかもしれません。普通の「まれびと」が幸をもたらすのに対し、寅さんは周囲に災いをもたらします。災いとまでいかなくても、平穏に暮らしている人々の間に、騒ぎをまき起こしていくのです。そして何とか災いや騒ぎが収まると、忽然《こつぜん》と姿を消してどこかへ行ってしまう。この、ひっくり返った部分が喜劇性を担保しているのです。「男はつらいよ」のシリーズがいまだに根強い人気があるのは、私たちが「まれびと」というパターンを無意識に感じ取り、寅さんの存在に救いや癒しを感じているからではないでしょうか。

いわれなき不安が社会を覆《おお》っている現在、どこからかふらりと現れて、私たちに安心をもたらしてくれる「まれびと」——もしかしたら、日本人は無意識のうちにその到来を信じているのかもしれません。

第五章

日常の発見

日常の「奥」

まいにち　まいにち　ぼくらは　てっぱんの
うえで　やかれて　いやになっちゃうよ
あるあさ　ぼくは　みせのおじさんと
けんかして　うみに　にげこんだのさ

（「およげたいやきくん」より一部引用　作詞　高田ひろお）

私たちの日常は、毎日決まりきったことの繰り返しで終わることが、ほとんどです。たいやきくんのように、型にはまった日常に嫌気がさして、逃げたくなる人もいるでしょう（逃げた先に新天地が開けると信じて……）。

現代の私たちは、たいやきくんのような生活を自虐的に捉え、変化に富んだエキサイティングな生活に憧れています。けれども昔の日本人は、判で押したような習慣化された生活を、とても大切にしていました。

朝起きて、歯を磨いて顔を洗う。食事をして出かける身支度をする。毎日繰《く》り返される日常の行動は、ほとんど無意識のうちに行われています。

ところが、いつものスムーズな流れは、シャツのボタンがはじけ飛んだり、靴紐が切れたりすると、とたんに滞《とどこお》ります。また、思いがけない幸運に出会う（茶柱が立った、虹が見えたとか）とテンションが上がり、物事がはかどることもあります。

「今日は運勢が良くないのかな、気をつけよう」

「なんだか幸先がいいな、今日はいいことがありそうだ」

などと思うのです。

型にはまった日々のルーティンがあるからこそ、ちょっと

朝の虹は吉兆と言われています

した変化に気がつくことができるのです。もし、毎日行き当たりばったりに過ごしていたら、「変化の予兆」を感じにくくなっていることでしょう。

元メジャーリーガーのイチローが、毎日決まったトレーニングメニューをこなし、決まったレシピのカレーライスを毎日の朝食としていたことは、有名な話です。そうした綿密に組み立てられた日々のルーティンがあるからこそ、体調のわずかな違和感を敏感に察知し、素早く的確に修正できるのです。イチローのメジャーリーグでの大記録の陰には、日々のルーティンを実行し続けた不断の努力があったのでした。

規則正しい生活の繰り返しの中で、些細な変化に気づく。一見何でもないようなことですが、実はこうした反応が「直感で未来を感じる能力」を培《つちか》っています。日常生活のルーティンは、もっとも簡単な「未来予知のトレーニング」なのです。

「未来予知」だけではありません。炊事や掃除、洗濯などの日常作業は、地味で、評価されにくいものですが、実はこれこそ「魂を磨く」絶好の手段なのです。

掃除に関して、私が好きな仏陀《ぶっだ》の弟子のお話をご紹介しましょう。

仏陀にシャーリパンタカという弟子がいました。

シャーリパンタカは大変もの覚えが悪く、自分の名前すら覚えられず、いつも周囲から笑われていました。

そんな自分の愚かさを嘆き、もう弟子をやめようと思って仏陀のもとに行きました。すると、そんなパンタカに、仏陀はこう言ったのです。

「自分を愚かだと知っている者は智慧《ちえ》ある人なのです。

自分を賢いと思いあがっている者こそ、本当の愚か者なのです」

そして、1本のほうきを渡して、

『塵《ちり》を払い、垢《あか》を除《のぞ》かん』と、掃除をしながら唱《とな》えなさい」と教えました。


こんなに短い言葉でしたが、シャーリパンタカは一生懸命覚え、周囲の弟子たちに助けられながら、来る日も来る日も「塵を払い、垢を除かん」とただひたすら唱え続け、無心に掃除を続けたのです。

1年、2年、3年、そして、10年、20年と、パンタカは毎日ひたすら唱えながら掃除をしていました。

パンタカのそのひたむきな姿に、最初は馬鹿にしていた弟子たちも次第に一目置くようになり、やがてそれは尊敬に変わっていきました。

そしてついにシャーリパンタカは掃除を通して悟《さと》りを開き、「阿羅漢《あらかん》」の境地に達したのです。

彼が誰よりも早く悟りの境地に達したことを周囲が驚いていると、釈迦は静かに言いました。

「悟りを開くということは、多くのことを学ばなくてはならない、ということではない。見よ、シャーリパンタカは、掃除することに徹してついに悟りを開いたではないか」

難解な経典を学ぶこともなく、ただ与えられたほうきを持って無心に掃き続けたシャーリパンタカに、いったい何が起きたのでしょう？

きれいになったのは掃除した場所だけでなく、パンタカの心だったのではないでしょうか。掃除を続けるうちに、「自分は愚かだ」と思う心もいつしか消えていったのでしょう。

シャーリパンタカ像

毎日掃除してもたまり続ける塵や埃は、まるで人間の心に芽生え続ける煩悩のようでもあり、その様がパンタカに何かを悟らせたに違いありません。

少し話がそれますが、シャーリパンタカは、「レレレのおじさん」に似ていると思いませんか（笑）。いつもほうきを持って往来を掃いているレレレのおじさんは、悩みなど持ったことがないかのような、軽やかな明るさを振りまいています。赤塚不二夫さんはシャーリパンタカを知っていたのでしょうか？　バカボンのパパの口癖「それでいいのだ」も、悟りの言葉のようですし、『天才バカボン』は意外に深い話かもしれませんね。

話を戻しましょう。

掃除だけではありません。炊事も大事な悟りの手段です。禅宗では炊事を担当する僧を典座《てんぞ》と呼び、とても重要な仕事として捉えています。しかも典座は、高僧にしか与えられることがない称号だというのです。道元が『典座《てんぞ》教訓』を書いたのも、仏道を修《おさ》めるのと同じくらい、食にかかわることは大切なことだからです。

実は道元が生きていた当時、日本の禅寺では典座は一段低く見られており、実際には寺男などに任せっぱなしだったようです。ところが、宋《そう》に留学した際、現地で自ら干し椎茸《しいたけ》を買い付けにやってきた老典座と出会い、道元は考えを一変させました。

道元『典座教訓』 藤井宗哲 訳・解説 角川ソフィア文庫

「山川草木悉有仏性《さんせんそうもくしつうぶっしょう》」（＝山川草木にはすべて仏性が備わっている）とは言いますが、食材にも仏性が宿っていることを忘れてはなりません。食べ物の命に感謝して丁寧に調理することで、同じく仏性の表れである人間の身体を作り、心を養う。食事を作ることは、そのまま仏道の修行でもあるのです。

きちんと手入れされた調理器具を使い、心を込めてゴボウを洗い、豆腐の水を切り、ゴマを煎《い》り、丁寧に食材に包丁を入れる。一つ一つの所作《しょさ》が、そのまま命への感謝となると同時に、味付け、できばえなど料理のすべてに隠すことのできない自分が顕《あらわ》れてしまうのです。だからこそ、己を鍛え、我をそぎ落とさなければ、良い料理ができないのです。料理は嘘をつきません。これほどの修行があるでしょうか？

これには、私自身経験があります。出産後、まだ身体が動けない時に、何回か家政婦さんに来てもらいました。家政婦さんもいろいろなタイプがいるので、昼食にはやきそばとかそうめんのように、あまり料理の腕に左右されない簡単なものを作ってもらうのですが、中には「どうやったらこんなにまずく作れるか聞いてみたい！」と思うほど、ひどい料理を作る人がいるのです。

かと思うと、本当に美味《おい》しく作る人もいます。その違いは何だろうと、観察して分かったのは、発する「バイブレーションの違い」だということです。いかに綺麗に装おうと、態度でごまかそうと、料理を作らせると、その人の本質が顕れてしまうのです。大雑把な人は料理も大雑把ですし、我の強い人は味付けが濃く、だらしない人は下拵《したごしら》えや後片付けがきちんとしていません。いやいや作れば、エサのような料理となり、食べ盛りの子供ですら「まずい」と言って残してしまうのです。

道元が言うまでもなく、本当に料理にすべて表れてしまうのです。

料理、洗濯、掃除。

毎日繰り返すこの終わりなき営み。これをかつての日本人は人間陶冶《とうや》の修行と考えていたのです。滝行のような非日常の荒行と違い、誰でもが平等に、いつでもどこでもできる修行。しかもそれに徹《てつ》すれば、シャーリパンタカのように、難行苦行を実践する他の弟子たちよりも早く悟ることができるのです。

日常に徹すると、いつの間《ま》にか悟りへと導かれていくようにできている――これはもう、宇宙の法則としか言いようがありません。だからこそ昔の日本人は毎日繰り返す当たり前の生活を尊く感じていたのです。たいやきくんが海に出ていく前に、そのことを教えてあげたかったですね。

「断捨離《だんしゃり》」のその先は

今、日本だけでなく、海の向こうのアメリカでも片付けが流行《はや》っています。『人生がときめく魔法の片付けノート』の著者こんまり、こと近藤麻理恵《こんどうまりえ》さんの片付け方法がアメリカのテレビで紹介されるや瞬《また》く間《ま》にブームとなり、一時は処理できないほどの大量の不用品が持ち込まれ、買取中止を宣言したリサイクルショップもあったほどだそうです。

日本では、やましたひでこさんの著書『人生を変える断捨離』がヒットし、「断捨離」という言葉が日本中に知れ渡りました。「片付け」や「断捨離」という言葉はすっかりポピュラーになっています。実際、断捨離を実践してすっきりした部屋に暮らし、お金も時間もゆとりが出てきたと満足する人が大勢います。

その一方で、思い切って断捨離したのに、「またものが増え始めた」「捨てなければよかったと後悔している」という失敗組も大勢います。むしろ成功組より多いのではないでしょうか。

いったいその違いはどこからくるのでしょう?

ブロガーのザク男爵さんも断捨離失敗組の一人です。最初はザク男爵さんの部屋を見た母親の強引な断捨離に渋々合わせていたところ、そのうち捨てることが快楽になり、布団や暖房器具など必要なものまで何でも捨ててしまったのです。

そこから先は……。言わなくてもお分かりですね(笑)。

そんな後悔に満ちた断捨離を経験して、ザクさんはある結論に行き着きました。

「『断捨離とは、モノを捨てないこと』であります」

断捨離なのに「ものを捨てない」というのはなんだか矛盾した話です。ただし「片付け女王」のこんまりさんも、ただ「ものを捨てろ」とは言っていません。「ときめかないもの」を捨てろ、と言っているのです。

やましたひでこ氏の著書　ダイヤモンド社刊

断捨離して片付いた部屋

つまり、「断捨離」のポイントは、「もの」ではなく、ときめきを感じるか否《いな》かの「自分の心」なのです。言い換えれば、「ものを捨てる」のではなく、「ときめきを感ずるものしか持たない」というライフスタイルを身につけることなのです。

ザク男爵は言います。

「断捨離で本当に大切なことは、モノを捨てることではありません。モノを捨てる行為は、単にモノをゴミとして捨てているだけなので、本質的に何も変わりません。断捨離で本当に大切なのは、モノを捨てない。モノを買わない。

そして、モノを大切に扱って愛用品を増やすことです。

モノを心から愛する精神（スピリッツ）こそ、断捨離の神髄なのでございます」

http://baron-zaku-present.com/archives/2124493.html（My home Lovers）参照

そうなのです！　断捨離の神髄とは「ものを捨てること」ではなく、「ものを心から愛すること」なのです。目からウロコではありませんか？　でも、これで、なぜ断捨離の失敗者が多いかが分かります。

失敗者の多くは、ただ溢れかえる「もの」を捨てているだけで、「それがときめくかどうか」と、自分の心と対話してから結論を出したわけではないのです。だから後になって

「しまった、あれは捨てるんじゃなかった」と後悔したり、また同じものを買ったりしてしまうのです。

ある女性は、クローゼットの中を断捨離したところ、モノトーンの服ばかりが残りました。その時、彼女ははじめて「そうか、私はモノトーンが好きだったんだ」と気がついたそうです。友達とお揃いで買ったイエローのカットソー、バーゲンの値札に釣られてつい買ってしまったサーモンピンクのセーター、そういうものは、本当は自分の好みではなかったことに、あらためて気がついたのでした。

以後、彼女は服を買う時はモノトーンを選ぶようになりました。すると、手持ちのものとコーディネートしやすくなり、結果として余分な衣装を買わなくなったそうです。断捨離とは、自分と向き合い、自分を知るための行動だったのです。

風水に基づいた徹底的な断捨離を勧めるカレン・キング

これでは服も選べません

ストンさんは家のどの場所にガラクタが詰まっているかによって、その人の人生に及ぼす影響が異なり、その場所をきれいに片付けると、文字通り人生が変わると言っています。

まず、家の見取り図を作り、そこに風水の定位盤を置き、各方位が司る意味を知ります。たとえば、あなたが人間関係で悩んでいるなら、家の北東の方角にガラクタが溜まっているのかもしれません。運動もダイエットもしているのに、全然体重が減らないなら、家の中心部に不要なものが詰まっている可能性があります。

実際、体重と家のガラクタはかなりの相関関係があるようです。私の主人の会社ではマンションなどの配管洗浄を請け負う仕事もしていますが、従業員の一人がこんなことを言っていました。

「台所とかリビングが片付いていない家に限って、どういうわけか奥さんが太っているの

風水定位盤

繁栄 財産 豊穣	名声 社会的評価 知名度	人間関係 恋愛 結婚
家族 年長者 コミュニティ	健康 ● 結合・幸福	創造力 子孫 計画
知識 叡智 向上心	行程 職業 人生	助けてくれる友人 慈愛 旅行

カレン・キングストン著『ガラクタ捨てれば自分が見える』小学館文庫P.77

ですよ」

従業員の発言はまさにこの風水的な見方を実証しています。

キングストンさんはご自分の方法を「スペース・クリアリング」と呼び、一年の半分をバリ島で暮らしながら、世界中を飛び回って活動しています。2002年に出版されたこの本は、こんまりさんの「片付け術」にも影響を与えたのではないか、と私は思っています。

キングストンさん曰く、

「あなたとあなたの所有物は、エネルギーの細い糸で結ばれています。家の中が好きなもの、よく利用されるもので満ちていると、あなたの人生に力強いサポートと養分を与えてくれるのです。その一方、『ガラクタ』はあなたのエネルギー・レベルを落とし、長く溜め込むほど影響は大きくなっていきます。人生にあまり意味のないもの、重要でないものを処分することによって、

キッチンは主婦の生活習慣を映す鏡か

あなたは体も、心も、そして魂も軽くなることでしょう」

「自分の所有物とエネルギーの細い糸で結ばれている」ことを、私は実感したことがあります。数年前、キングストンさんの本に触発され、クローゼットを整理したことがありました。こんまりさん風に「もうときめかない」衣装をバンバン取り出し、クローゼットの3分の1ほどの衣類をごみ袋に入れました。

最後のごみ袋をきゅっと縛ってベランダに出したとたん、「あれっ?」と思いました。何だか腰の周りが軽いのです。今まで腰の周りに座布団でも括《くく》り付けていて、それが急に外れた感じです。身体全体も軽やかです。「不思議!」と思いましたが、不要な衣類のエネルギーから私の身体が解放されたのだと分かりました。

どうやら断捨離はただ不用品を処分するだけではないようです。無意識のうちに溜め込んだ余分なものが私たちの人生の進路を妨げており、それを取り除くことで人生が好転するということを教えてくれているのです。

社会のあちこちで行き詰まりが感じられる昨今です。こういう時代に「片付け」や「断捨離」が流行《はや》っているのは、閉塞した現状を何とか打破しようと、私たちの無意識が呼び寄せているのかもしれません。

「さよなら」が言えなくて

脳学者養老孟司《ようろうたけし》氏は、若い頃挨拶や雑談が大の苦手でした。講義やプレゼンなどはまったく普通にこなせるのに、なぜ挨拶や雑談だけできないのか、自分でも不思議でなりませんでした。

養老氏は4歳で父親を亡くしています。父親は結核だったようで、子どもだった彼は病床に近寄らせてもらえませんでした。ある日、母親が養老氏を父の枕元に呼び寄せました。「お父さまにご挨拶なさい」と母親に言われたのに、病で衰《おとろ》えた父の姿を見てショックを受けた彼は、一言も話せませんでした。じっと息子の顔を見ていた父親は悲しそうな顔をし、それから数時間後に息を引き取ったのです。

父の死から30年以上たったある日、電車の中でふとその時の光景を思い出しました。

「そういえば、あの時、親父《おやじ》にちゃんと『さよなら』をしなかったなぁ」と思ったとたん、涙が溢れて止まらなくなったのです。このことがあってから、不思議なことにあれほど苦手だった挨拶や雑談が、まったく苦にならなくなりました。

父親に「さよなら」をしないまま永遠の別れを迎えてしまった養老氏にとって、「父との最後の対面」という行為は未完のままだったのです。

「さよなら」を言うことで完結するはずの行為は、30年間も閉じられることがなく、また「父にさよならを言えなかった」という後悔の念がトラウマとなって、挨拶や雑談ができない人間となったのでした。

電車の中で「さよなら」を言えなかったことを思い出したことにより、やっと「父との最後の対面」は完結したのです。それ以降、養老氏は挨拶や雑談に何のこだわりもなくなって、普通にできるようになったそうです。

このように、ある特定のクセや行動が「未完の行為」のサインである場合があります。分かりにくいこともありますが、ひとたびそれに気づくと、朝日を浴びた霜のように、すぅーっと溶けてなくなります。「あれはどうも苦手」「あの人の顔を見ると何だかむかつく」とか、誰しも多少は抱えている小さなトラブルは、意外にも「未完の行為を完結させて!」という、深いところからのメッセージかもしれません。


実は私にも「未完の行為」がありました。

それは小学生の頃の話です。雑誌に載っていた運動靴の広告で、カラーバリエーションに「コバルトブルー」というのがありました。文字だけでは分かりません。こんなハイカラな名前の色のクレヨンや色えんぴつはありませんから、皆目見当がつかないのです。「どんな色だろうなぁ」と好奇心は膨らむばかり。そこで、印刷の仕事をしていた父に訊くことにしました。私は知っていたのです。父の大きなカバンには、分厚い色見本帳が入っていることを。

私「ねぇ、コバルトブルーってどんな色?」

父「そうだなぁ……。う~ん、まぁ今度教えてあげるよ」

なんと歯切れの悪い返事でしょう。

「さっさとあの色見本帳を開いてくれればいいのに。ケチ!」と心の中で父に毒づいてしまいました。その晩はそのまま何もありませんでした。次の日もそのまた次の日も、父は

「コバルトブルー」を見せてくれませんでした。

私は、失望感と父からないがしろにされている悲しさで一杯《いっぱい》になっていきました。そして、もう「コバルトブルー」のことは諦めることにしたのです……。

それから何週間か経《た》ったある初夏の明け方のこと、寝室のふすまをガラッと開けて父がなにやら興奮した面持ちで言いました。「成美、コバルトブルーだよ！　さあ！　早く起きて起きて！」と子供のようにはしゃいでいます。

私は眠い目をこすりながら、「何よ、こんなに朝早く」とぶつぶつ言いながら父の言いなりに勝手口のガラス戸を開けました。

「ほら、あそこを見てごらん。あの黒っぽい雲の下あたりが『コバルトブルー』だよ」と、父が指さす東の空を眺めました。まだ中天は夜の気配が漂い、濃紺に染まっています。東に差し掛かるあたりに紫と灰色を混ぜたような色の雲が出て、そのあたりから徐々にブルーの色がグラデーションで薄くなり、父が指さしたあたりは鮮やかな「コバルトブルー」でした。

「あれがコバルトブルーか」しばらく私はその美しい色を眺めていました。やがて太陽が昇ってくると、ブルーのグラデーションは徐々に色褪《あ》せて、いつしか「コバルトブルー」

も朝の青空の中に溶け込んでいってしまいました。本当に短い間でした。

「ふ〜ん」と、私はまた布団に戻りました。「なによ、今頃になって『コバルトブルー』だって！　忘れたのを急に思い出したんじゃないの？　こんな朝早く人を起こさなくてもいいのに！」と布団の中でぶつぶつ言いながらまた眠りにつきました。


時は流れ、結婚して6人の子育てに明け暮れている頃、さまざまなストレスから夜眠れない日が続きました。ある日、午前3時半頃に目が覚め、眠れないのでそのままベランダに出て、ボーっと東の空を見ていました。段々白《しら》んでくる空を眺めているうちにふとあの日の光景が蘇ってきました。

「そういえば、お父さんに明け方に起こされたっけ。今日は『コバルトブルー』が見えるかなぁ」と、東の空を見つめていました。残念ながらその日はすぐ空が白んでしまい、「コバルトブルー」は現れませんでした。何だか肩透かしを食ったみたいで、急にどうしても「コバルトブルー」を見たくなってしまいました。次の日も明け方にベランダで待っていましたが、「コバルトブルー」は現れませんでした。私は意地でも「コバルトブルー」を見ようという気になりました。けれども、晴れでも「コバルトブルー」が現れない朝もあり、曇りや雨の日もあります。「コバルトブルー」に会うのは実に至難の業でした。

二週間ほど経った頃でしょうか、「今日もダメかなぁ」とベランダの手すりに頬杖をついてぼんやり東の空を見つめていました。すると、濃紺一色の空が徐々にブルーのグラデーションに変わり始め、白み始めた空の下のほうと夜の気配を残した部分との狭間《はざま》に、それは綺麗な「コバルトブルー」が現れたのです！

「あっ！　コバルトブルーだ！」小さく叫んだ私は、その時すべてが手に取るように分かったのです。


父は印刷された色見本の「コバルトブルー」ではなく、自然界の「本物のコバルトブルー」を見せたかったのです。そのために朝の一瞬だけ「コバルトブルー」になる空を見せようと思ったのでした。

けれども私が体験したように、いつでも「コバルトブルー」の空になるわけではありません。晴れでも見えない時もあれば、曇りや雨の日もあります。これぞ「コバルトブルー」という色はそう簡単には見ることができないのです。

父は毎朝、私のために明け方に勝手口を開けて東の空を眺めては「コバルトブルー」を探していたのでしょう。そうして、やっと出会った時、父は嬉しさのあまりはしゃいだような声で私を起こしたのでした。そんな父の想いをこれっぽっちも分からなかった私は「ありがとう」も言わずに、「眠いのに起こされた」という不満しか抱かなかったのです。

「お父さん、ごめんなさい。やっと分かったよ！　ごめんね、ごめんね、ありがとう！」と、白み始めた空に向かって声を上げてしまいました。涙が後から後から溢れてきて、気がついたら声を上げて泣きじゃくっていました。30年以上経ってやっと父の愛を受け止め、感謝することができたのです。何だか東の空の上に、にこにこした父の顔が浮かび、「やっと分かったのかね。相変わらずトンマだなぁ」と言っているような気がしました。


それ以来、私は頑固だった父に対するわだかまりが消え失《う》せ、父の何気ない振る舞いを思い出しては、父なりに精いっぱい愛情表現をし、心から可愛がってくれていたのだと思えるようになりました。養老氏は父親に「さよなら」を言えずにいましたが、私は「ありがとう」が言えずに30年以上経っていたのでした。

この「未完の行為」を完結させた後、本人の中の何かが劇的に変わったのも共通しています。

「お客様」の正体

昔から「うるさい客」はいましたが、最近のモンスタークレーマーにはあきれるばかりです。店員の些細なミスに激高して過大な弁償を要求したり、理不尽な注文を「客の権利」とばかりに店側に突きつけたり、常軌を逸《いっ》しています。

こういう客が現れるようになったのは、どうも「お客様は神様」ということが広く言われるようになってからのような気がします。

ご存知の方もいらっしゃるでしょうが、この言葉を最初に言ったのは歌手の三波春夫《みなみはるお》さんです。三波さんはどういう文脈の中で言ったのでしょうか。

1961年頃、三波さんは宮尾《みやお》たか志さんとの対談の中でこう言っています。

宮尾「三波さんは、お客さんをどう思いますか？」

三波「うーむ、お客様は神様ですね」

三波「歌う時に私は、あたかも神前で祈る時のように、雑念を払って、心をまっさらにしなければ完璧な藝をお見せすることはできないのです。
ですから、お客様を神様と見て、歌を唄《うた》うのです。また、演者にとってお客様を歓《よろこ》ばせるということは絶対条件です。だからお客様は絶対者、神様なのです」

よく読むと、三波さんは「お客様＝神様」とは言っていません。「お客様を神様と見て」「あたかも神前で祈る時のように」歌うと言っているのです。それは目の前にいる人間に向かって歌うというより、自分の歌を「神へ奉納する」姿勢であるように見えます。

つまり「神様がお客様」ということなのです。

三波さんの言葉を読めばお分かりのように、この言葉は演じ手の心構えや覚悟を表しているのであって、けっして「あなたは神様です！」と客に思わせる「おもねり」ではありません。目の前の観客が居眠りしていようと、評論家が酷評しようと、演者の視線はそこになく、ただ目に見えない神様へ捧げるつもりで一点の曇りもない心で歌うだけなのです。

演者の心構えとして、これ以上のものはありません。世阿弥《ぜあみ》も「離見《りけん》の見《けん》」というコンセプトで演じる自分を観客の目で見ることの大切さを説いています。ただし、そこに「神様」は出てきません。

三波春夫さんが「お客様は神様です」と言った時、私たちはそこに芸に対する厳粛なまでの姿勢を感じ取らなければいけなかったのです。

残念ながら三波さんほど高い意識を持ち合わせていなかった人々は、「自分たち客が神様だ」と勘違いし、さらに「神様だから何をしてもいいのだ」とダブルで勘違いし、「モンスタークレーマー」となっていたのでしょう。

あるサイトにこんな痛快なエピソードが紹介されていました。

「なにぃ、お客様は神様だぞ！　俺の要求通りの料理を出せ！」と息巻くクレーマーに、居酒屋の主人が「うちは神様にはこれしかお供《そな》えしないんですよ」と言って、小皿に盛った塩と生米を出したそうです。さぞクレーマーはびっくりしたでしょうね。拍子抜けした様子が目に浮かぶようです。

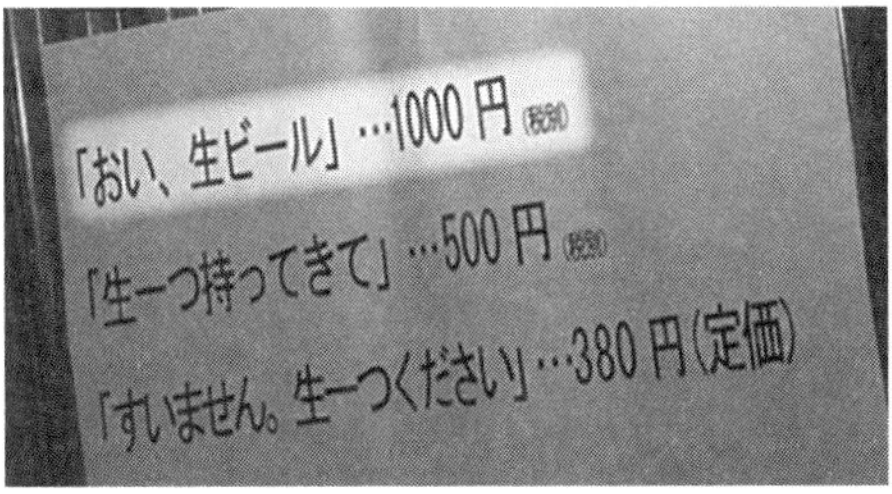

クレーマー対策を兼ねた、ユーモア溢れる居酒屋のメニュー

モンスタークレーマーは「神様」と「王様」を混同しているのではないでしょうか？

その理由を私なりに読み解くと次のようになります。

1960年代に入ってから消費型社会へと世の中が変化し始めました。「消費は美徳」という風潮が広がりはじめたのです。

今まで「節約が美徳」とされていたのですから、180度の大転換です。成人した兄たちの話をそばで聞きかじっていた子供の私は、「消費者ローン」は、「市民ケーン」のような映画の題名かと思っていました。中学に入り、英語を学ぶようになってから「ローン」は人の名前ではなく、loan（貸付）という一般名詞であることを知り、住宅のような大きな買い物でなくてもお金を借りて買い物していいのだ、と新鮮な驚きを感じた覚えがあります。

「消費は美徳」の流れから、「お客様は王様」と言われるようになり、庶民の財布の紐《ひも》をいかに緩《ゆる》めさせるかが、企業の努力目標になっていきました。

「お客様は神様です」――三波さんがこう言い始めた時、人々は「王様」も「神様」も一緒くたにして、「お金を払う自分は偉い」という感覚になっていったような気がします。

本当に意図したことが正しく伝わらないままにこの言葉だけが一人歩きし、いつしか傲慢《ごうまん》な客を生んでいったのでしょう。

かつて「王様のレストラン」というテレビドラマがありました。潰れかけたレストランを伝説のギャルソン（給士）が立て直していく話で、松本幸四郎《まつもとこうしろう》（現・松本白鸚《はくおう》）さん扮《ふん》するギャルソンがこう言うシーンがありました。

「わたくしは先輩のギャルソンに、お客様は王様であると教えられました。しかし、先輩は言いました。王様の中には首を刎《は》ねられた奴も大勢いると」

そう言って失礼な客を追い出すのです。

人が「王様」でいられるのは「お金を払ったときだけ」ということを忘れてはいけません。言ってみれば「お金で王様の身分を買った」インスタントキングなのです。名君である王様なら、周囲を慈しみ、ねぎらい、感謝を惜しまないでしょう。

ふたたび三波春夫さんの話に戻ると、「お客様を神様と見て」と言う時、三波さんは

「お客様の中に神様を見よう」としたのではないでしょうか。

どんな人の中にもある良心、あるいは内在神とか、ハイヤーセルフと呼ぶ人もいるでしょう。そうした存在に自分の芸を見ていただく、ということだったのではないかと思います。

だとしたら、見る側も内面の神が現れるような姿勢が求められます。幸い日本には陽気な神様が大勢います。そうした神様たちのように、陽気に、リラックスし、ワクワクした気持ちでパフォーマンスを楽しみ、演者と一体になった時空を創ることが演者への最高の賛辞となるのです。

そして見る側同士も和《なご》やかに交流すれば、本当に幸せな時空が生まれることでしょう。それを社会規模で広げるコツを、物理学者で伯家《はっけ》神道の継承者である保江邦夫《やすえくにお》さんの言葉ほど的確に表現している言葉はありません。

「人を見たら神様と思え」

この言葉が世界中に広がるといいですね。

「ありのまま」は強い！

最近のSNSの普及が、私たちのコミュニケーションのスタイルを大きく変えたことに異論を唱える人はいないでしょう。変わったのはコミュニケーションのあり方だけではありません。物事の評価の基準も変わりました。

フェイスブックの「いいね！」やツイッター（現・X《エックス》）のフォロワーの数の多さが評価につながることから分かるように、内容がどうあれ、「他者に承認されること」が重要な価値を持つ時代になったのです。しかもその評価は「インスタ映《ば》え」という言葉があるように、「見栄え」や「キャラ」という外面的な要素による場合が多いのです。

お馴染み、SNSのさまざまなマーク

私は、とりわけ「キャラ」という人格の編集の仕方に今日的なものを感じます。「いじられキャラ」や「おバカキャラ」などを売りにしている芸人もテレビでよく見かけます。「キャラ」は架空の人格である「ペルソナ」（ラテン語で「仮面」という意味）とは違います。性格など自分の特徴のどこかを分かりやすく造形し、「私はこういう人間でございます」と、それを「通行手形」として集団内で行動するのです。

「キャラ」はその人物の内面を表しているのではなく、「他者がどう見ているか」「他者からどう見られたいか」が基準となっています。どちらかというと演劇の「配役」に近いのではないでしょうか？

たとえば「キレキャラ」を売りにする芸人は、「すぐキレる」役を演じているわけです。実際のご本人は穏やかな面もあるでしょう。でも、テレビではそれを封印し、何にでも「キレて」見せるのです。たまに地が出ると、「キャラに合わない！」と炎上されるのですから、たまったものではありません（笑）。

フェイスブックでもインスタグラムでも、たくさんの「いいね！」を集めるために、写真を修整したり、被写体に手を加えたりするのはもう常識となっています。なかには最初から「インスタ映え」を狙った商品まで売られています。

いったいどうしてこれほど人々は他人の評価を気にするようになったのでしょうか？

それは、唐突かもしれませんが、「変化への恐れ」があるような気がします。

誰もが感じているように、世界情勢も先行きがほとんど読めない状態です。スピリチュアル系の本やブログを覗《のぞ》いても、異口同音に「地球が進化の時を迎えている」と書かれています。近い将来3次元から5次元に地球が次元上昇するというのです。

人は、本能的に安定を求め、変化を嫌います。けれども流動する世界の中でも生きていかなければなりません。そこで変化する世界に目をつむり、「こうあってほしい」と思う状態に編集した虚構の自分、虚構の世界にフォーカス

明らかに「インスタ映え」を狙った写真

名前の割には「インスタ映え」していないお弁当

するのです。

「インスタ映え」がこだわる「見た目」とは、まさに作られたイメージとしての自分や世界にほかなりません。それを重要視することで、刻々変わる世界やありのままの自分を、無意識のうちに拒否しているのです。


そうすると、どうなるのでしょう？

自分の内面が置き去りにされ、本来の自分と「見た目」の自分とのギャップがどんどん広がっていくのです。それは苦しいことです。他者目線の「見た目」を世間にさらせばさらすほど、本当の自分は陰に隠れ、孤独が深まっていきます。「インスタ映え」に興じる若い女性の間で『アナと雪の女王』の主題歌が大ヒットしたのは、歌詞が彼女たちの隠れた心の闇を代弁していたからではないでしょうか。

特に「ありのままの　姿見せるのよ　ありのままの　自分になるの」の条《くだり》に来ると、カラオケなどで涙を浮かべながら歌う女性が大勢いたそうです。

「インスタ映え」に代表される「見た目」へのこだわりは、自分の内面や変化する世界に向き合うことなく、簡単に自己肯定感を得られる方法です。しかし、その代償はあまりにも大きかったということでしょう。なにしろ「ありのままの自分」を生きることができなくなってしまうのですから。

『アナと雪の女王』のエルサは、自分の個性を受け入れ、隠さず生きることで自信に溢れた強い女性に生まれ変わりました。さらに自分の個性を発揮する中で失敗も経験しながらそれを制御する方法も体得したのです（映画の中では「真実の愛」がエルサの魔法を解くことができる、と分かる）。"Let it go"の大ヒットは、「見た目」という他人軸で生きることの生き苦しさを何とかしたい、という若い女性の暗黙の願望が後押ししたのではないでしょうか？

「見た目重視」とは他人軸で生きることにほかなりません。それは本当の自分を封印して生きていくことです。

本当の自分？——それは生まれてこのかた経てきた体験の総体です。

楽しく有頂天になるような体験ばかりではありません。悲しいこと、辛いこと、とても人には言えないみじめで無様な体験などなど。それらを通して出来上がった性格や物の考え方、学んだこと、交流した人々…。それらすべてをひっくるめたものが「ありのままの自分」なのです。

それをエルサのように隠さずに受け入れ、他人軸でない「自分軸」で生きることを選ぶことによって、「生き苦しさ」や「自信のなさ」から解放されることでしょう。

「自分軸」で生きるとは、これまで経てきた体験の総体の頂点に今の自分がいるという認識を持つことです。宇宙広しといえども、この自分以外誰も経験していない唯一無二の「自分史」というストーリー。視点を広げれば先祖や人類の歴史までもが射程に入る、このオンリーワンの壮大な歴史ドラマの主人公が自分であると心の底から思う時、人は「見た目重視」の薄っぺらな評価など、まったく気にならなくなることでしょう。「ありのまま」でいることは強いのです。

[著者プロフィール]
田尻成美（たじり・しげみ）
神奈川県出身。早稲田大学第一文学部卒業。東京大学大学院総合文化研究科博士課程修了。専門は比較文学・修辞学。短大講師を経て現在はTKKホールディングス㈱、TKKエンジニアリング㈱、TKKエンターテインメント㈱の取締役。
学生時代から得意な語学を活かし、雑誌「現代の眼」「現代思想」「ユリイカ」などに論文や翻訳などを多数寄稿。2017年1月から2022年3月までメルマガ「ヨコハマ流行通信・ヨコハマNOW」にコラム「しあわせの『コツ』」を連載。日常生活の背後にあって、普段は気づかない日本の文化的特徴・伝統の知恵に光を当てたエッセイが好評を博す。三男三女の母として育児のかたわら3冊の絵本を上梓。
主な著書に『日本人の魂の香り』（ビジネス社刊）、訳書に『都市革命』『空間と政治』（ともにアンリ・ルフェーブル著、晶文社刊）、『文体論序説』（ミカエル・リファテール著、福井芳男氏ほかと共訳、朝日出版社刊）。絵本として『しあわせの「コツ」』『おかあさんの灯り』『神さまがうちにやって来る』（すべて幻冬舎刊）がある。

日本人の感性の輝き　私たちは背中に「表」がある

2024年7月1日　第1刷発行

著　者　田尻　成美
発行者　唐津　隆
発行所　株式会社ビジネス社
〒162-0805　東京都新宿区矢来町114番地
神楽坂高橋ビル5階
電話 03(5227)1602　FAX 03(5227)1603
https://www.business-sha.co.jp

カバー印刷・本文印刷・製本/半七写真印刷工業株式会社
〈装幀〉中村聡
〈本文デザイン・DTP〉茂呂田剛（エムアンドケイ）
〈営業担当〉山口健志　〈編集担当〉水無瀬尚

ISBN978-4-8284-2641-9